パレスチナに生まれて
A Child in Palestine

ナージー・アル・アリー
Naji al-Ali

序文――ジョー・サッコ Joe Sacco
訳――露木美奈子　監修――藤田進

いそっぷ社

各章の卓越した序文を書いてくださったアブドゥル・ハーディ・アッヤード氏に感謝を申し上げたいと思います。そして漫画に鋭い説明文をつけてくださったマフムード・アル・ヒンディ博士、どの漫画を載せるかについても含めて初めからこの本の全般にわたって非常に貴重なご支援をくださったムハンマド・アル・アスァド氏やハーニ・アル・ハッダード氏にもお礼を申し上げます。また、この本の装幀や漫画の選択に関してハーニ・マズハル氏の洞察にも助けられました。各章の序文を編集してくださったファイサル・ビン・ハドラ氏、このプロジェクト全体に関して思慮深い助言をくださったエリアス・ナスラッラー氏にも感謝申し上げます。

2009年3月

ハリード・アル・アリー

A CHILD IN PALESTINE
by Naji Al-Ali

Images and captions © Estate of Naji al-Ali
Introduction © Joe Sacco
Accompanying texts © Abdul Hadi Ayyad
This collection published by Verso 2009
© Verso 2009
All rights reserved
Japanese translation published by arrangement with
Verso, The Imprint of New Left Books Ltd.
through The English Agency (Japan) Ltd.

●目次

ジョー・サッコによる序文 ── 6

第1章　パレスチナ ── 10

第2章　人権問題 ── 32

第3章　アメリカの支配、石油、アラブの共謀 ── 53

第4章　中東和平プロセス ── 78

第5章　抵抗運動 ── 108

本書をさらに理解するための注　130
解説　146
訳者あとがき　148

本文中の★印が付いた用語は、130頁からの注で解説を加えました。

●パレスチナMAP

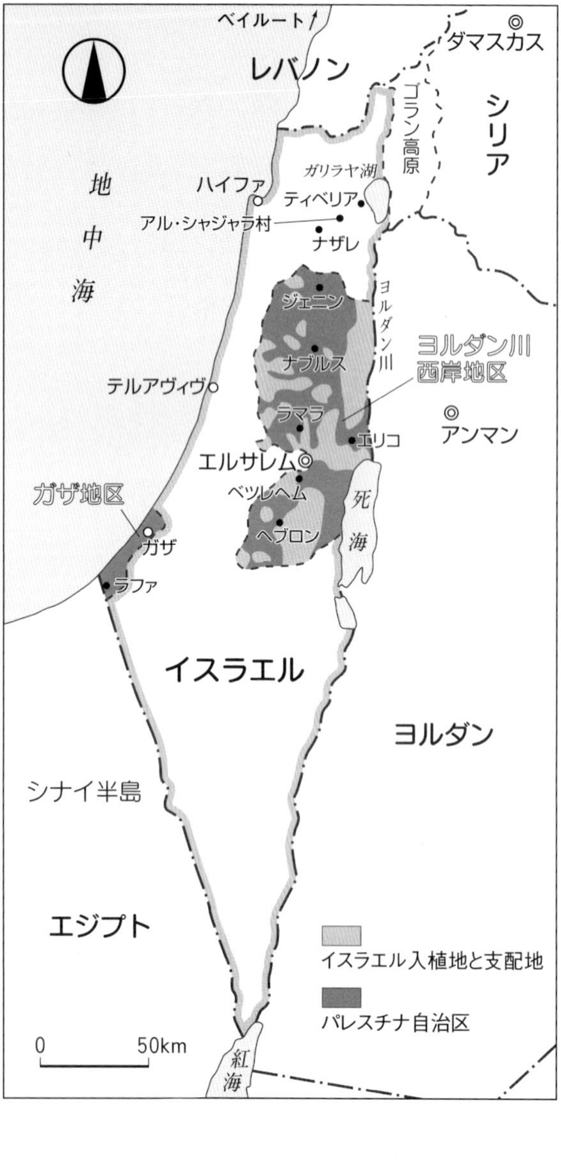

●パレスチナの歴史的変遷図

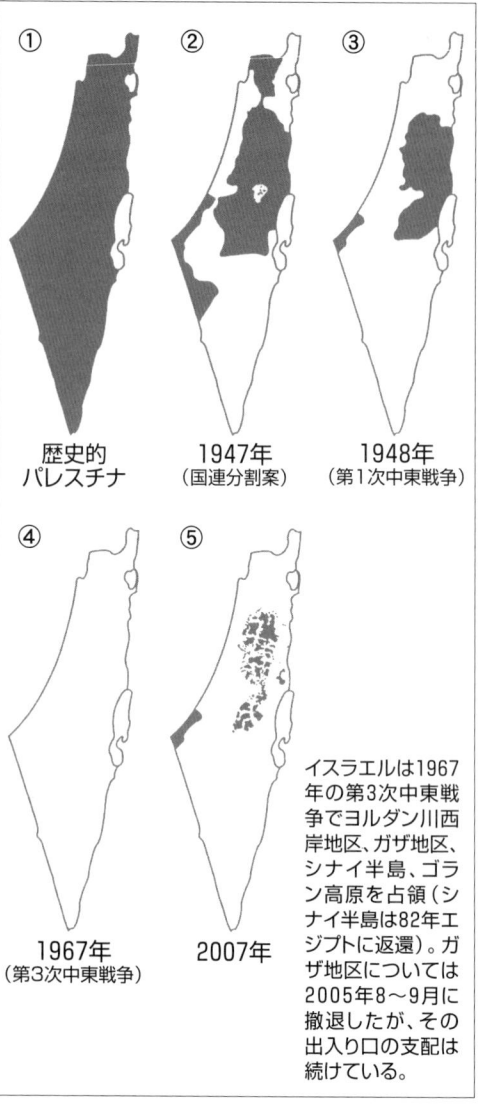

① 歴史的パレスチナ
② 1947年（国連分割案）
③ 1948年（第1次中東戦争）
④ 1967年（第3次中東戦争）
⑤ 2007年

イスラエルは1967年の第3次中東戦争でヨルダン川西岸地区、ガザ地区、シナイ半島、ゴラン高原を占領（シナイ半島は82年エジプトに返還）。ガザ地区については2005年8〜9月に撤退したが、その出入り口の支配は続けている。

●パレスチナ年表

西暦	事　項
1917	イギリス外相バルフォアがイギリス・シオニズム連盟会長のロスチャイルド卿にあてた書簡のなかで、ユダヤ人が彼らの祖国をパレスチナにつくることに同意（バルフォア宣言）。
1922	国際連盟、イギリスのパレスチナ委任統治とバルフォア宣言を承認。
1947	国連総会で、パレスチナをアラブ人国家とユダヤ人国家の二つの国に分けるパレスチナ分割決議案を可決。
1948	イギリスがパレスチナ委任統治権放棄。その数時間後、イスラエル独立宣言。米ソがあいつぎイスラエルを承認、この決定を不服とするアラブ諸国と第1次中東戦争勃発（〜49年）。48年12月には、パレスチナ難民の帰還権を認める国連決議194号が採択される。
1956	エジプトのナセル大統領がスエズ国有化を宣言、第2次中東戦争に。
1964	パレスチナ解放機構（PLO）設立。
1967	第3次中東戦争（6月）で、イスラエルが圧倒的勝利。11月、イスラエルの占領地域からの撤退とイスラエルを含む周辺各国の生存権を認める国連安保理決議242号が採択される。
1973	第4次中東戦争。アラブ諸国がイスラエルに協力的な国に圧力をかける「石油戦略」発動。
1975〜76	レバノン内戦。
1978	アメリカの仲裁による、エジプトとイスラエルのキャンプ・デービッド合意が成立。
1979	「エジプト・イスラエル平和条約」締結。
1980	イラク空軍がイランを爆撃、イラン・イラク戦争始まる（〜88年）。
1981	この頃からガザ地区・ヨルダン川西岸地区の土地取りあげ、イスラエル人の入植地建設が活発に。
1982	イスラエル、レバノンに侵攻。PLOが撤退したベイルートのパレスチナ難民キャンプ（サブラとシャティーラ）で虐殺事件が起こる。
1987	第1次インティファーダ（抵抗運動）開始。
1993	PLOのアラファト議長とイスラエルのラビン首相が、パレスチナ暫定自治協定に調印（オスロ合意）。94年、ガザ地区ほかにパレスチナ暫定自治政府が発足。
2000	第2次インティファーダ。
2001	イスラエルにシャロン政権発足。パレスチナへの武力攻撃強まる。
2003	パレスチナ・イスラエル間で和平へのロードマップ合意。
2004	アラファトPLO議長（暫定自治政府大統領）、死去。
2005	アッバスが暫定自治政府の大統領に。
2009	イスラエル軍がガザに大規模侵攻。

ジョー・サッコによる序文

　僕が今日あるのはナージー・アル・アリー、この稀代の、パレスチナの風刺漫画家のおかげだ。僕が彼のことを初めて知ったとき、彼はすでにその２、３年前にロンドンで暗殺されていた。僕が後に「パレスチナ・シリーズ[★1]」として出版された漫画本の取材のためにパレスチナ占領地に1990年代初頭に初めて訪れたとき、彼らの物語を絵にする――しかも漫画にするなどということは、世話になったパレスチナの人たちにおいそれとはいえないと思っていた。彼らの抑圧された状況を軽視していると思われやしないだろうかと恐れたからだ。

　しかし、心配は杞憂に終わった。僕がやろうとしていることを打ち明けるとすぐに、彼らの顔に理解を示す微笑みの表情が浮かんだ。そりゃ、いいじゃないか。俺たちの仲間にも風刺漫画家がいたんだよ。ナージー・アル・アリーさ！　少しずつ、そんな出会いを重ねながら、僕は自分のやろうとしている道がこのアル・アリーという男によってちゃんとしつらえられているということを理解するようになった。彼は、まるで崇敬といってよい深い尊敬の念で人々に語られていた。つまり、こんな風に語られる――「彼は、イスラエル人、PLO、アラブ政権など誰も彼も漫画の標的にしたんだ。誰が彼を殺したのかは誰にもわからない。だが誰にも彼を殺したい理由があったのさ」と。

　彼のイコンともなっているハンダラというキャラクターを教えてもらった。まったく情けない姿なのに凛としたパレスチナの子どもで、いつも読者に背中を向けており、イスラエルの冷酷さやアラブの偽善的態度が表現された場面をじっと見つめている。「ハンダラはパレスチナの人々を表現している。まさに僕らそのものなんだ」とパレスチナでは語ら

れている。僕は、あらゆる場所で、ハンダラの存在に気づきはじめた。壁に貼られていたり、女性のアクセサリーとして使われたりしていた。そしてあるとき、ある難民の燃えがらの木材を積んだだけの家でのことだったが、壁に掛けられた額の中の肖像を指差されて見ると、それはハンダラの生みの親であるナージー・アル・アリーその人の肖像だったのだ。

　ナージー・アル・アリーは1937年にガリラヤ地方のアル・シャジャラ村に生まれ、イスラエル建国が引きおこした1948年の第1次中東戦争★2の際に、何十万人ものパレスチナ人とともに故郷を追われた。彼の家族は南レバノンのアイン・アル・ヘルウェ難民キャンプ★3に身を寄せた。土地や家を奪われ、多くのパレスチナ難民が長きにわたって味わう運命となる艱難辛苦(かんなんしんく)の中で育ったために、彼はまたたく間に政治意識のするどい青年となった。後に彼自身が「私たちのいる場所で起きている大破壊に気づくとすぐに、何らかの方法で、なにかできることをしなくてはならないと感じた」と語っている。

　そして、行進やデモでいらだちを発散させて、時には監獄に入れられる結果となった。彼が自分の感受性に合った表現方法である政治漫画を最初に試したのは、まさにこの収監されていた監獄の壁に、であった。同じように難民キャンプの壁にも描きはじめた。芸術的なセンスを磨くように励まされたこともあって、授業料を払える間はレバノンの美術学校に短期間、通ったこともあった。1960年代初頭、ほとんど仕事の機会のなかった多くの才能あるパレスチナ人と同様に、彼は新たに独立国となったクウェート★4に移住した。クウェートはちょうど石油ブーム★5の時代に入っていた。彼は、1970年代初頭までクウェートで様々な雑誌の仕事をした。「贅沢(ぜいたく)な生活の中に埋没してしまいそうだ」と感じながらも、まさにこのクウェートでハンダラ——アル・アリーの言葉を借りれば「人々の心にいつまでも存在し続ける正直なパレスチナ人を代表する存在」を初めて創り出したのだった。最も貧しいもの、最も無力なものの典型であるキャラクターを創り出すという考えそのものが、アル・アリーを覚醒(かくせい)させたに違いない。アル・アリーはハンダラのことを「私が贅沢

な生活の中に埋没してしまうのを、じっと見守っているような」モラルを顕現(けんげん)する一つの人格として、自立した存在だととらえていた。

　レバノンに戻って、「アル・サフィール」紙に漫画を描きながら、ナージー・アル・アリーはハンダラを彼の漫画の前景におき、イスラエルの圧制や暴力の場面ばかりではなく、アラブ人の汚職や不平等の場面までも描くようになった。中東の踏みにじられた民衆をかえりみずに勝手にふるまっている者たちがアル・アリーの標的だった。アル・アリーは、「私の仕事は難民キャンプやエジプトやアルジェリアにいるパレスチナ人同胞や、自分の意見を表明する場所がほとんどない全アラブ世界に住む素朴なアラブ民衆のために思いを述べることだ」と考えていた。彼の容赦ない攻撃はいつも政治的洞察力に満ちたものであったが、アル・アリーの多くの読者にとってそれらの攻撃を個人的に意味あるものにしていたのは、ほかならぬハンダラであった。「ハンダラは、あまり見た目のよくない子だから、女性ならこんな子どもを自分の子どもにしたいとは思わないだろう」とアル・アリー自身も認めている。しかし、まさにその理由で、ハンダラは最も貧しいパレスチナの人々によって一つのシンボルとして愛され大切にされた。ハンダラは人々に自分たち自身の姿——貧しく、誰からも望まれず、中東の孤児である姿を想起させたのだ。しかし、ハンダラにはまた別の一面もあった——彼は当事者としてすべてを知り尽くしていた。

　ハンダラを賞賛する人たちを喜ばせたに違いないのが、だまって立ち尽くしている彼の姿だ。彼の腕は、驚いたりショックを受けているかのようなしぐさで両脇に描かれてはいない。まるで、様子をじっと見守るように背中で組まれている。ハンダラの立っている姿は「僕のことは気にしないで。僕は、どちらの側にも加担したりしない。僕はじっと見つめて、記録する。そして僕は君たちがやっていることを正確に知っているんだ」と語っている。

　内戦[★6]とイスラエルの攻撃下にあった1970年代のレバノンで、アル・アリーは自分が絶頂期にあると感じていた。「私は毎日自分のペンですべてのものに立ち向かっていた。恐怖

とか失敗とか絶望とかは感じなかったし、降参しようとも思わなかった。……ベイルートでの仕事のおかげでキャンプにいる難民たち、貧しい人々、虐げられている人々に自分がより近い存在に再びなれたと感じた」。しかし1982年にイスラエルはレバノンに侵攻し、PLOの息の根を絶やそうとした。イスラエル軍が西ベイルート地区を封鎖している間にレバノンのサブラとシャティーラ難民キャンプで何百人ものパレスチナ難民が親イスラエルのレバノン人キリスト教民兵組織によって虐殺された。アル・アリーは途方に暮れた。彼はクウェートに戻った。彼の漫画の中で、ハンダラは冷静さを失って、怒りでこぶしを振り上げ、石を投げるようになった。アル・アリーの作品は、アラブのエリートたちの気分を逆なでするようになってしまった。彼はクウェートから逃れ、ロンドンに移り住んだ。

　もうすでにアル・アリーは有名だった。彼の風刺漫画はアラブ世界じゅうに、そしてロンドンでも広まっていた。殺すぞと脅されても、抑圧する側や、中東の特権階級を糾弾し続けた。1987年7月22日、彼はロンドンにあるクウェートの新聞社「アル・カバス」の支社に歩いて入ろうとしたところ、一人の狙撃犯によって頭を撃たれた。5週間の昏睡状態の後に亡くなった。享年50歳。殺害犯の詳細は不明のままである。

　ナージー・アル・アリーはアラブ世界で、とくにパレスチナ人にとっては英雄であり続けている。パレスチナの人々は彼の名を偉大な詩人について語るのと同じ親しみをこめて呼ぶ。彼のイコンとなったハンダラは説得力のあるパレスチナの象徴であり続けているし、これからも長い間その状態は続くだろう。残念なことに、中東の暴力と絶望という二つの汚物は今もたれ流されつづけており、ハンダラでもこのすべてを見届けることはできないというのが現状だ。

2009年1月

ジョー・サッコ

第1章　パレスチナ

「ナージー・アル・アリーの作品は、常に真実を指し示すコンパスのようだった。そしてその真実とは常にパレスチナそのものだ」

　イラクの詩人でありナージー・アル・アリーの長年の親友であったアフマド・マタルは、上記の言葉でアラブ人読者にとってのアル・アリーの重要性を述べた。20世紀の前半にパレスチナにもともと住んでいた人々に起こったことに気づかずにいる人には、ナージー・アル・アリーの漫画も、今日の中東全体の状況も理解しがたいことだろう。19世紀の末から起こってきたシオニズム運動[★1]（国家的統一のためにユダヤ人をパレスチナに復帰させようとするユダヤ民族運動）は、歴史上のパレスチナ全体に、パレスチナの人々の故国への絶対的権利など全く顧慮することなく排他的にユダヤ人国家をつくろうとした。
　イスラエル国家として想定されたのは、一つは、もともとパレスチナの土地に住む人々から土地や資源、経済的発展の機会を奪う中央集権的経済体制の確立であり、もう一つは国家による完全な文化統制の確立だった。これらの計画は、高度に進んだ軍事力を持つようになったシオニスト入植者による、パレスチナ人の町へ一連のテロ攻撃を加えて住民たちを集団的に追放する方法で推進された。
　一方、故郷を追われて難民となったパレスチナ人には何ら猶予はなく、新たに故郷と呼べるような場所も見つからなかった。パレスチナの人々はイギリスの委任統治の終了[★2]とイ

スラエル国家の始まった1948年までは、活気にみち様々な宗教や文化が入りまじった社会をつくりだしていたのだが、いまでは国連——イスラエル建国に承認を与えたのもこの同じ機関である——によって運営された隣接アラブ諸国にある難民キャンプから生活に必要な物資をわずかばかり受け取って生きることを余儀なくされている。

　子どもの頃パレスチナを去ったために、ナージーや彼と同年代の同胞は目の前にぱっと開けるように祖国のことを覚えていた——たとえばオレンジの木々の香りとか石組みの家や農家の畑とかを実感できるのだった。彼らよりも若いパレスチナ難民世代の人々にとって、パレスチナは数々の記憶の中に浮かびあがるふるさとになっているのだろうが、彼らはそうではなかったのだ。

　今でもアル・アリーや彼と同年代の者たちには、子どもの時に強制的に追放されたことが、1948年のパレスチナ人のナクバ（大災厄）[★3]の体験として、もっとも素直でむきだしな形でそれぞれの心の中に刻みこまれているのである。アル・アリーが繰り返し強調するように、これこそがハンダラがいつも11歳の少年として描かれた理由であり、アル・アリーの作品が強く心に訴えかけるモラルの鮮明さをもっている明らかな理由でもある。

　アル・アリーが毎日連載した漫画を追っていくと、反抗精神たくましい若いパレスチナ難民の目を通して世界を見るようにいざなわれる。そのモラルの鮮明さゆえに、彼の描くものは他者を気持ちよくはさせてくれない。むしろパレスチナ難民の苦しみについての直截で真実味のある年代記以外のなにものでもない。

　1948年以降アラブの国々で彼らに課された苛酷な制約に度々耐えた後に、パレスチナ難民は遠くから、1967年の第3次中東戦争[★4]でイスラエルによって彼らの国の残りの部分も呑み込まれるのを見た。シオニスト国家はパレスチナ占領地に不法な入植地[★5]をつくり続け、一方、隣接するアラブ国家はパレスチナ難民にきちんとした仮の棲家を与えることも、パレスチナ人の祖国回復の正当な主張に真摯に耳を傾ける支援者として行動することも、できなかった。

このような状況の中で、ハンダラはいつも変わらず見つめるものとして立っている。国際法の原理が驚くほど解釈を変えて、パレスチナ人のための要求がどんどん削られていく中で、ハンダラは一度たりとも子ども心に抱いたパレスチナを忘れることはなかった。
　アル・アリーが明らかにしているように、ハンダラは成長することを許されなかった。なぜなら、それを許してしまったら、難民の窮状を常態として認めてしまうことになるからだ。アル・アリーの世代のパレスチナ難民に共通の物語から借りるなら、「今はもう自分たちのものではないオレンジの木の実を採るのは許されるべきことではない」というイスラエルの主張を認めてしまうことになるだろうから。
　この章の漫画は、一人の子どもの、鮮明でひるまないものの見方以上のものを提供してくれる。自分たちは姿を消さないし、その歴史を語り継ぐのだというパレスチナ人の明瞭でゆるぎない主張を様々な形で表現している。

パレスチナ 13

1948年にイスラエルによって追放されたとき、パレスチナの人々は家の鍵を持ってきた。ハンダラは自分の故郷を夢に見ている。鍵が鉄条網にかけられているのは、イスラエルがパレスチナ人の帰還権*を拒否していることを意味している。（1974年1月）
＊パレスチナ難民がもと住んでいた場所に帰還する権利。それを望まない場合は、土地など失った財産に対し補償をおこなうべきことと合わせて、1948年12月の国連総会で決議された。

イエスはパレスチナ人さ──とナージー・アル・アリーはいう。すべてのパレスチナの人々と同じように、イエスもまた彼の故郷であるベツレヘムに帰ることを夢見ている。(1982年4月)

パレスチナ 15

パレスチナ人を彼らの故郷から締め出している有刺鉄線が、ある日形を変えて、パレスチナの人々の苦しみが終わるだろう。(1981年3月)

イスラエルによる攻撃で負傷した子どもを母の涙が癒す。(1981年7月)

パレスチナ 17

アル・アリーはパレスチナの人々の苦しみをキリストの十字架の試練とつなげて、現代のパレスチナ人を聖母子のテーマになぞらえて描いている。イスラムの象徴である新月を描き加えることで、パレスチナのキリスト教徒とイスラム教徒が等しく苦しんでいることを示している。(1984年12月)

イスラエル攻撃の犠牲になっても立ち上がり、敵に抵抗し自分たちの人権を守ろうとする人々。
(1982年7月)

パレスチナ 19

有刺鉄線は涙を流す女性にとっての厳しい現実を表現しているが、彼女はそれでもなお希望を手ばなさない。(1987年1月)

パレスチナの少女のおさげ髪が十字架にはりつけになっている。これはパレスチナ難民の終わりのない苦しみを表現している。(日付不詳)

パレスチナ 21

映画は終わったが、パレスチナ人が苦しんでいる現実は今なお続く。(1980年7月)

パレスチナ難民は入国ビザをもっていても、結局は国外追放者収容所送りになってしまう。
(1986年7月)

＊無国籍難民のパレスチナ人はパスポートを持っていない。出稼ぎなどのために海外へ行くときには、難民キャンプのあるアラブ諸国政府発行の一時的渡航許可証をもって出かけ、さらに入国先のビザも必要とされるが、上のような事態にしばしば陥る。

パレスチナ 23

故郷や親戚から引き離されたとの思い、望郷の念、異邦人の疎外感……パレスチナの離散の民の墓碑にはいろいろなものが詰まっている。(1986年7月)

イスラエルはパレスチナ人の土地を違法に奪い、入植地を建設しつづけている。自分の苗木（暮らし）を守ろうとしたパレスチナ人の農夫は、イスラエルのブルドーザーに根こそぎ連れていかれる。（1980年11月）

パレスチナ 25

アラブ諸国の混成サッカーチームはアメリカ国旗と国連安保理決議242[*]のロゴ入りのユニフォームを身にまとって、レンガでふさがれたイスラエルのゴールに点を入れようとしている。(1983年9月)
*1967年11月の国連決議。イスラエルの占領地域からの撤退とイスラエルを含む周辺各国の生存権を認めたもの。

パレスチナ指導部はメディアを通して勝利を宣言している。一方、イスラエルは分離壁*がやがて出来上がるのを見越しているかのように、パレスチナ人の土地を没収しては違法な入植地を建設している。(1984年1月)
＊1960年代後半からイスラエルは、1949年の停戦ラインであるグリーンラインより、パレスチナ側に食いこむ形で農地や家を没収・破壊している。2000年代に入ると、その不法入植地などを分離壁で囲いこむようになった。

和平交渉への入り口なし:パレスチナ占領地でイスラエルが違法な入植地をつくり続けることは平和のための話し合いを閉ざしてしまうことになる。(1978年12月)

（右から左へ）
中東和平国際会議は進行中だが、その間にも、不法な土地収奪と入植地建設は阻止されることなく続き、「占領地のイスラエル化」という既成事実がつくりあげられていく。（1987年3月）

パレスチナ　29

イスラエル人看守が監視する獄中でハンガー・ストライキをするパレスチナ人政治犯を、ヤツガシラ（自由の象徴である鳥）が慰めている。（1987年4月）

パレスチナ人の農民がイスラエルに占領された土地をAK47ライフル銃の鋤で耕やすと、妻はハート型の種をまいていく。二人はパレスチナ人の土地への献身、絆、土地を守るための抵抗を象徴している。(1987年4月)

パレスチナ 31

われらは祖国へ戻る：パレスチナの子どもは倒れた父の軍靴をはいて闘いを続ける。（1978年12月）

第2章　人権問題

　かつての故郷に帰還するという可能性が見えないまま、パレスチナ難民はいま周辺アラブ諸国またはさらに遠方の国々に散らばって暮らしている。ナージー・アル・アリーもその一人だったため、パレスチナ人の苦境と彼らの周囲にいる人々の苦境の類似性を見ることができた。メディアが厳しく統制され、派閥主義や女性差別がまかり通り、労働者階級が自由に組合組織をつくることも妨げられている地域では、パレスチナ人であることはもう一つ差別の種が加わることを意味した。
　パレスチナ人の主義主張に敵対する多くの者たちは、アラブ社会における長年続いているそれらの欠点をあげつらって、パレスチナ人がどんな国を築くにせよ、同じ問題が山積するだろうという。ナージー・アル・アリーは、こういう考え方をする人たちとは対照的な姿勢をとった。彼はパレスチナ人を愛すると同時に、彼の周囲で終わりの見えない苦しみを負っている大衆を描くことに情熱を傾けた。アラブ世界で政治犯がおかれている不条理な窮地、死刑、湾岸諸国の石油によってもたらされる富にきわめて近いにもかかわらず、アラブ世界の大多数の民衆が落ちぶれはてた貧しさの中にあること——これらすべてがナージー・アル・アリーのかみそりの刃のようなきっさき鋭いペンの向かう先であった。
　アル・アリーは、アラブ世界における政治的運動をしている人たちの中では、まれにみる存在だった。彼は1950年代の初めから汎アラブ主義（アラブ世界を統一しようとする思

想と運動）の思想的共鳴者として知られてはいたが、なんの特別な政治組織にも属さずに、政治的理想にひたすら献身した。政府が新聞、雑誌などの検閲を厳しくする地域でもアル・アリーはするべき批判は敢然とした。彼の作品は、旧態然としたイスラム刑法にしばられているアラブ政府とアラブ社会の上層部が、常に介入してくるアメリカと結託して、アラブ諸国における悲惨な人権状況を直接的にしろ間接的にしろ、みんなでつくりだしていることを明らかにした。

　ナージー・アル・アリーの絵が実にすばらしいのは、時代を超越して訴えかける力があるからだ。彼の絵が訴えかける力は、時が経つと色あせるどころか、増し加わっていくようだ。このことは、パレスチナの大義に殉じようとする決意を微動だにさせることなく、アラブ民族を苦しめている複雑な一連の問題をペンとインクで伝えようとする彼の稀有な才能に負うところが大きい。

　人々の要求とパレスチナの大義にしっかりと照準を合わせて、アル・アリーは芸術の力でアラブ大衆をそのまわりに結集させた。政治漫画はたしかに戦争の武器ではないが、アル・アリーの絵は様々な種類の抵抗運動によって中東に根本的変化をもたらすことがすぐにでも必要だ、と大変明確に表している。ケタ外れに裕福で複雑な中東の生活の特性は、アル・アリーの漫画の中で次から次へと取り上げられ、ときには読者の心を逆なでするような質問を投げかける。

　どこに約束の期限があるのだろうか？　貧しい者たちは、どこまで追い込まれるのだろうか？　アラブの土の下に埋蔵されている鉱物資源によってもたらされる富に関して、貧しいアラブ人たちは、どんな要求ができるのだろうか？　自由を求めている国家がそこに住む多くの人々から基本的人権を奪っているとしたら、どうやって国民は自由を手に入れられるというのか？　多くの人々の心の中では、これらの疑問は漠然としたものでしかないだろうが、ハンダラは誇り高く次のように宣言する――その答えを見つけるために、ぼくにはカラシニコフ銃を手にとる覚悟がある、と。

人権問題　35

名もなければ顔も持たないアラブの大衆は、彼ら自身の政府から犯罪者扱いされている——彼らの唯一の罪は、基本的人権を求めていることだ。(1980年7月)

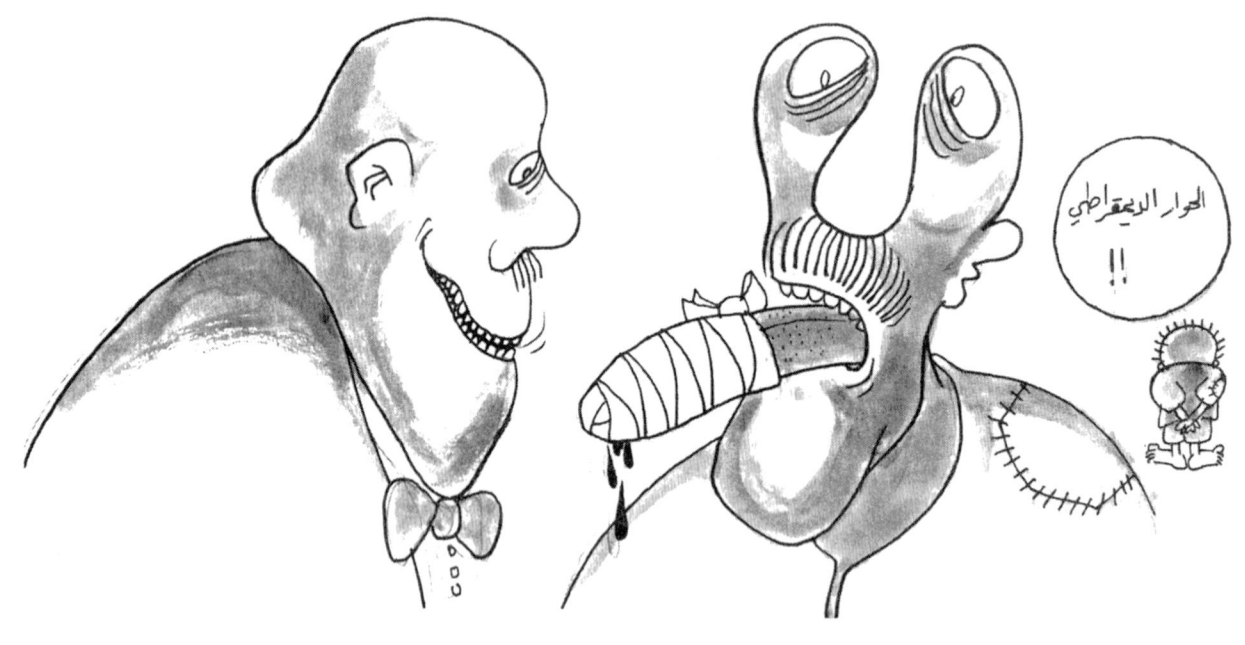

アラブ世界を統治しているお偉い方たちが「民主主義的対話」について語るとき、それが何を意味するかがハンダラにはわかる。それは、庶民がもっとも露骨なしかたで政治家によって沈黙させられてきたことを指す。(1976年12月)

死刑宣告[★3]：自由の象徴であるヤツガシラが、首吊り台が使えないように柱をくちばしでうがちながら涙をながす。（1985年1月）

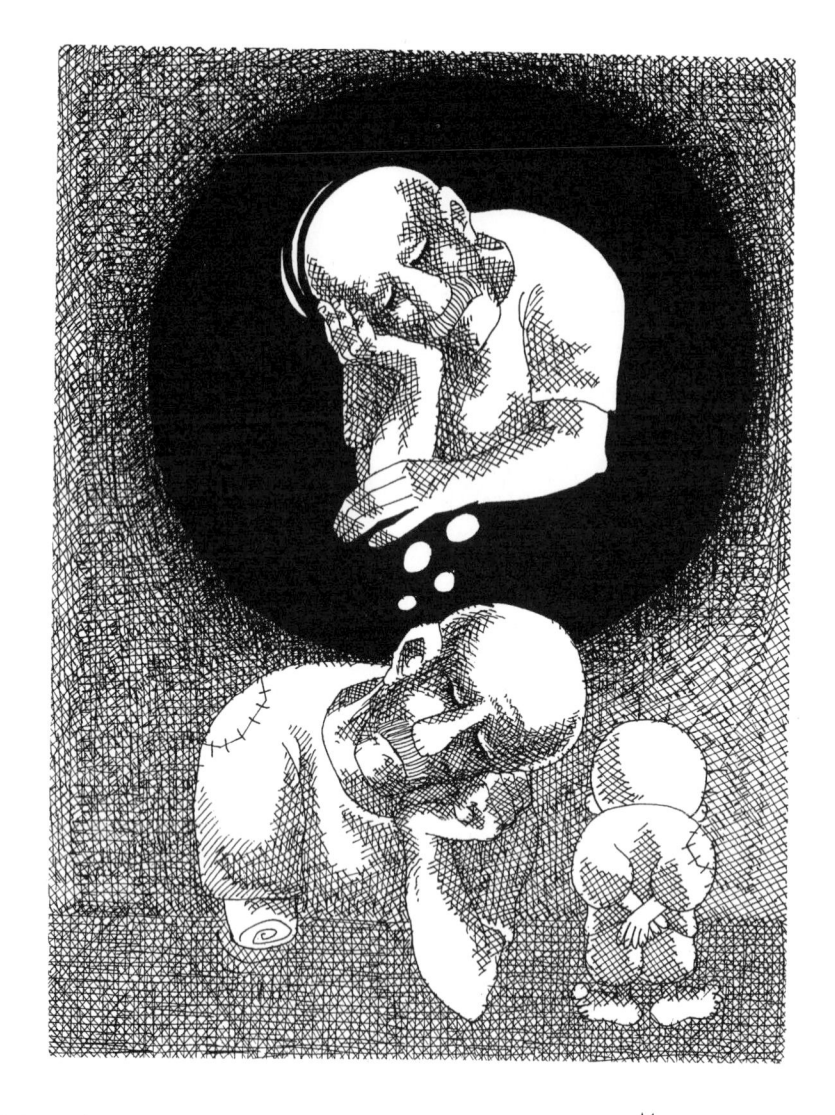

中東のいくつかの国々では、盗みをすると手を切られるというイスラム法[★4]が、いまだに存在している。(1985年7月)

権利を主張するアラブ市民は、権力者の目には脅威とうつる。(1980年9月)

壁の落書き：ナージーはイスラエルとアラブ世界の牢獄にはいっているすべての政治犯のために
自由を要求する。(1979年12月)

新聞には「民主主義的対話」と報じられている。だがアラブの庶民は、「睡眠中につきお静かに」とはっきり掲げられた表示板の陰に隠れて、アラブ政府が居眠りをきめこんでいるのを「全く信用できない」とにらみつけている。(1984年11月)

(右から左へ)
昨日、口元までスカーフをしていた。
今日、スカーフははずしてもよくなったが、発言はできない。
明日、後ろ向きで、何も見ないようにするだろう。
昨日、今日、明日、アラブの保守的エリートによって、女性の権利は抑えつけられたままだ。[5]

(1985年1月)

人権問題　43

ハンダラはスカーフをかぶって坐っているアラブ女性たちと、かぶっていないアラブ女性たちの境界線に立っている。彼女らは、お互いに相手を不信の目で見ている。（日付不詳）

アラブ世界の支配者エリートは、勇気をふるって「分け前をください」と要求した貧しい男をフォークで刺し貫きながら、大いにむさぼり食っている。(1984年1月)

人権問題　45

人命救助だって？　エチオピアの飢餓救援のために送られたアメリカの物資が、その地域での政治的影響力と支配力のみかえりに使われるのを、ハンダラは見ている。(1984年11月)

最後の晩餐：十字架にはりつけになっているアラブの民衆には飢えと自由の欠如しかない。

（1980年4月）

湾岸産油国、レバノン、そしてモロッコなどアラブ諸国の支配者たちは、アラブ民衆の重い荷を背負った背中にさらに十字架（受難の象徴）を山のように積み上げている。（1982年4月）

ハンダラと彼の家族はレバノンの「アイン・アル・ヘルウェ難民キャンプ」という看板が立ったところで暮らしている。古い新聞の見出しには「紛争における石油の役割」と書いてある。しかし、莫大な石油の利益のうち全難民あわせて手にする額といえば、投棄された石油ドラム缶を買うぐらいのお金でしかない。缶をのばしたブリキ板の小屋で彼らは難民暮らしをしている。
(1984年5月)

人権問題　49

多くの西欧人は石油をアラブ諸国にとっての政治的影響力の源とみているが、実際には、石油を駆使する政治というのはアラブの貧しい民衆を束縛している。(1984年10月)
＊OPECとは、石油輸出国機構のこと。産油国が自らの利益を守る目的で1960年9月に設立。共同して産油量を調整することで、原油価格の統制を図っている。

アラブ世界の金持ちで無責任な太った猫どもは、難民キャンプのいっこうに改善されないつらい現実に目を向けようとしない。ここでは難民キャンプが、難民のすり切れた服にあてられたツギハギによって象徴されており、それが怒りとなって金持ちに飛んできている。(1975年7月)

人権問題　51

「貧しい者たちの、このいつまでも終わらないシジフォスの岩を持ち上げるような骨折りがいつの日か、自分たちを今の地位から追いおとすことになるのだろうか」と考えて、アラブの支配者エリートは恐怖におびえている。(1975年6月)
＊シジフォスはギリシャ神話中の人物。ゼウスの怒りにふれ大岩を山の上に押し上げる刑に処せられたが、その大岩はいつもあと一息のところで転げ落ちたため、また初めからやり直さねばならなかった。

武装闘争は飢えを根絶する方法だ、とハンダラは考える。（1981年5月）

第3章　アメリカの支配、石油、アラブの共謀

　パレスチナのナクバ（大災厄）は石油が中東に富をもたらしたのと時を同じくして起こった。多くのパレスチナ人は畑、村、都市から追放されてまもなく、湾岸地域のアラブ国家で独力で新しい生活を築こうと努力した。特に1936年以来、地元のエリートがパレスチナ人の民族運動を組織的に支援してきたクウェート[★1]では、これらの新しいパレスチナの移住者たちは、世界でも戦略的に重要なこの場所をつくりあげる主役として働いたばかりでなく、アラブの同世代を政治的にめざめさせることにも貢献した。

　ナージー・アル・アリーがクウェートの急進的週刊誌「アル・タリアー」（「前衛」の意）で仕事をするために1963年にクウェートに移ったのには、このような背景があった。もっとも、彼はレバノンやレバノンに住むパレスチナ人との絆──とくに、シドンの近くにあったアイン・アル・ヘルウェ難民キャンプとの絆──のために数年間、二国間を行ったり来たりするようになったのであるが。

　1960年代終わりから1970年代初めにかけて、クウェートは次第にアメリカの利益にとって重要な存在となり、その社会はより消費型社会になっていった。だがクウェートは同時に、当時のパレスチナ革命運動を支援する担い手でもあった。ナージーがアラブ世界の状況について、わけてもその地域の将来を方向づける石油の役割について、以前よりも明確で広い認識を持てるようになったのは、このクウェートでの実地の体験があったからであろう。

その当時、ますます多くのアラブ人にとって石油はそれまで長いあいだ当然視していたような経済上の恵みではなくなっていた。世界の産油地の多くが湾岸地方のアラブ諸国に存在してはいるものの、一方で石油から生み出される高い付加価値の商品を生産する産業経済はアラブ地域には全く見当たらなかった。何世紀も昔にアラブの人々がナフト（アラビア語で石油の意）と呼んだ物質はアラブ諸国の土地から出てきたが、しかしその生産、消費、価格決定、そして究極的に石油全体を操ることは西欧諸国の政府と西欧の多国籍企業とに牛耳られていた。国営化にむけての苦しい努力が実った後でさえ、西欧の技術、資本、そしてある場合には労働力についても、組織的に外国に依存しなければならないのが、この地域でははっきりしている。

アル・アリーの目から見ると、悪い状況をなお悪くしているのは、アラブの鉱物資源をほしがる飽くことを知らない欲望がこの地域における他の利害と結びついていることだった。アル・アリーの見方では、これらの利害はイスラエルのために西欧が無条件で軍事的、外交的援助をし、それによってイスラエルの近隣のアラブ諸国が損失をこうむっているという形で明白だった。

現在の中東諸国の国境が、第1次世界大戦後にイギリス人とフランス人の外交官僚によって線引きされた帝国主義的策謀であることを考えると、不自然な分裂をもたらしているこの国境をのりこえた何らかの統一国家をつくりあげて、真の民族独立を実現しようと志したアラブ・ナショナリストたちの取り組みに、西欧列強が終始一貫して反対した理由が容易に理解できるというものだ。

このような過去の歴史をもったアラブ世界の中では、どの国であれ、なぜ人々がアメリカの介入をそれと見破ることができるのか、そしてそれを表現する言葉がなぜすぐ出てくるのかがわかるだろう。今やこの地域では、もはや冷戦の敵対相手と対決する必要はないため、アメリカ帝国主義の野望の現実が衆目のもとにさらされている。ある意味ではまさに、アル・アリーの漫画の重要性が明確となる時代がやってきたといってよいだろう。

この章の漫画は大変微妙な言葉で語られてはいるが、何百万もの人々が感じとっていることを圧倒的な明快さではっきり述べているという点で際立っている。ここで私たちはアル・アリーの精神が何人にも左右されない自立性をもっていることを再認識する。彼は決して、どんな政治団体の命令にも屈したりしなかったし、1980年から88年のイラン・イラク間の悲劇的戦争[★5]の炎をアメリカがあおっているのはアラブ国家を守るためだ、という示唆にだまされることもなかった。

　ナージー・アル・アリーは、アメリカがその地域をコントロールしようとしたこと、そしてなぜコントロールしようとしたかも理解していた。アラブの指導者がなんとなくのせられて星条旗のなびく風向きに自分も従おうとするのを、ナージー・アル・アリーはハンダラとともに、私たちによく見るように促している。

　石油の世界的取引の力関係を変えることはできないが、少なくともアラブの支配者エリートが自分たちの政権を西欧諸国が守ってくれるのと引き換えに、国の主権と資源をどのように譲り渡してしまったのかを、私たちは誠実な証人として見ることはできるのである。

アメリカの支配、石油、アラブの共謀　57

アラブの石油は、イスラエルの戦闘機に使われている。石油による政治は、進歩的な変化の可能性を自ら妨げている。(1981年6月)

アラブの石油の富を誰がコントロールしているのか？ 1番はアメリカ、僅差でフランス、そしてイギリスが続く。(1980年2月)

アメリカの支配、石油、アラブの共謀　59

湾岸の石油王であるアラブの首長たちは、原油の樽が彼らに優雅な生活を続けさせてくれると思っているが、アメリカとの石油協定は結局は彼らを沈ませることになるだろう。(1975年3月)

ハンダラはアラブの剣、アラブの石油、イスラエルの兵器といった攻撃を目の当たりにしても、断固とした抵抗の態度をとりつづける。(1982年8月)
*イスラエルによるレバノン侵攻（132頁参照）を受けて描かれたと思われる。「アラブの剣」とは、レバノン政府の国内パレスチナ難民キャンプ弾圧のこと、「アラブの石油」は産油国がパレスチナ人出稼ぎ労働者解雇の締めつけをおこなったことを示す。

アメリカの支配、石油、アラブの共謀　61

地域紛争（イラン・イラク戦争）が激しくなると、アラブ産油国は危機打開を放置したまま、アメリカのほうに流れていく。その間に、イスラエルは中東全域を思いのままに支配する。(日付不詳)

戦争の合図の太鼓：町なかで身を寄せ合って、アラブ人たちはイラン・イラク戦争についての新聞記事を読む──誰が戦争開始の合図の太鼓をたたいているかは明らかなのに。(1984年8月)

アメリカの支配、石油、アラブの共謀　　63

イラン・イラク戦争で中東が燃え広がっているときに雨が降ってきたら、アンクル・サム[*7]（アメリカ政府）は火が消えてしまわないように傘をさしだす。（1980年10月）

アメリカの介入と影響力がアラブの土地の破壊を招く。ここでナージーは、いかにアメリカがイラン・イラク戦争の主要な受益者であったかということを示している。(日付不詳)

アメリカの支配、石油、アラブの共謀　65

死を招く抱擁(ほうよう)：アメリカはアラブの安全を守るという口実のもとに、湾岸地域に米国海軍を配備している。（1982年2月）

アメリカ製のミサイルとアメリカの政策によって、イランとイラクは破壊された。無傷で生き残っているのは、アメリカだけ。当時、こうしたイラン・イラク戦争についてのアル・アリーの懐疑的見解は、彼が仕事をしていたクウェートでは、実に珍しいものだった。(1980年10月)

アメリカの支配、石油、アラブの共謀　67

アメリカとイスラエルの戦争兵器が組み合わされて用いられ、暴力的に中東がコントロールされている。(1981年8月)

錨をおろす：そのどこにでも姿を現す戦艦に象徴されるアメリカの中東駐留が、アラブ世界の公正な平和実現のチャンスを台なしにしている。(1980年7月)

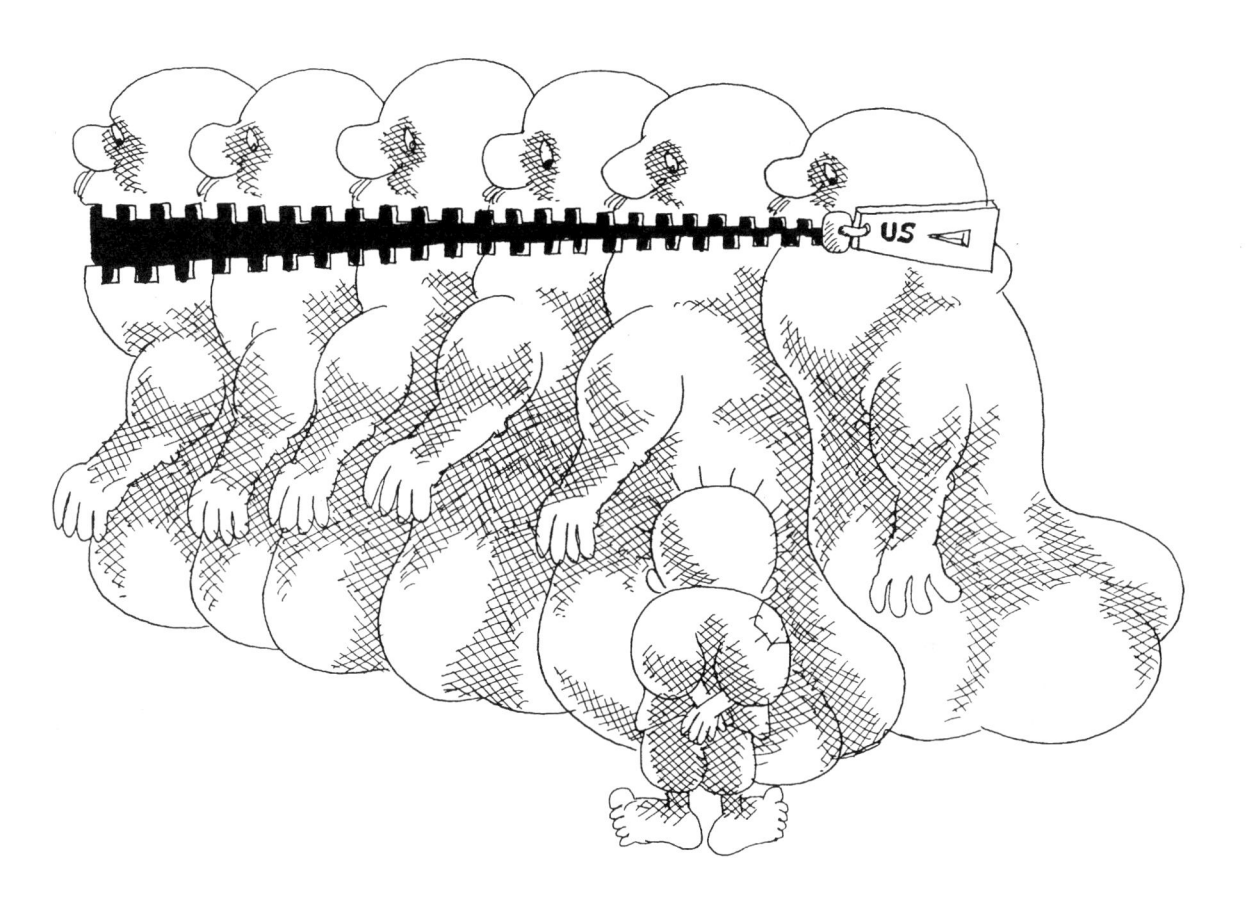

アメリカの支配、石油、アラブの共謀　69

アメリカはアラブ世界の支配者たちの発言をコントロールしており、いつ話すか、いつ話しては
ならないか、までいちいち指図する。(1985年11月)

西側が好んで用いる「穏健なアラブ指導者*」は、度々、アメリカが中東問題解決の鍵を握っているという。ハンダラは、どのようにしてアメリカが中東問題への扉を開けようと企んでいるかを、非常に明確に見ている。(日付不詳)
*サウジアラビアやエジプトの指導者を指す。

アメリカの支配、石油、アラブの共謀　71

ロニーとベッドをともにして：ロナルド・レーガン大統領[*8]は、窮地に立っているミハイル・ゴルバチョフ書記長が必死になって掴んでいる世界地図の毛布をアメリカのほうに引き寄せている。

（1986年10月）

米国星条旗の縞模様が、虐げられているアラブ民衆にからみついて彼らの能力を奪いとり、窒息させている。(1971年5月)

アラブ支配層のエリートたちの影が、ホワイトハウスへの忠誠を誓う彼らの姿を形づくっている。(1973年2月)

アラブの指導者たちは集って、アメリカ政府がコンパスでどんな形を描くのかを見ている。そして、イスラエルが真ん中に埋めこまれるのを驚きをもって見つめる。中東の現在の国境は、かつて西欧の植民地官僚によって引かれたものだ。(1980年3月)

アメリカの支配、石油、アラブの共謀　75

アメリカのなすがまま：アラブのエリートたちは、どんなに努力したところで、中東に関するアメリカの政策を見抜くことはできない。(1983年3月)

アラブのエリートたちは自分はホワイトハウスにいつでも入れる鍵を持っていると信じているが、それがどの鍵穴に当てはまるのかは知らないのだ。(1978年8月)

アメリカの支配、石油、アラブの共謀　77

無能で肥え太ったアラブの支配層が、アメリカの庇護のもとに中東地域を自分たちの好きなように作り直している。しかし、ハンダラは、この偽りの花嫁との思いをとげてきたのは実はアメリカなのだということを見抜いている。(1978年6月)

第4章　中東和平プロセス

　ナージー・アル・アリーが多くの労力を注いで、中東の不安定な状況を何とか和らげようとして描き続けた漫画は、時がたつにつれて、妥当性と力を得ているように見える。PLO[★1]内の多くのパレスチナ人政治家が民衆の代弁者たる権限を放棄して自己主張するようになり、そして民衆の権利を次々と譲り渡していった[★2]後でも、ナージー・アル・アリーは彼が育ったパレスチナにあくまでもこだわり続けた。彼は根本の問題——すなわち、パレスチナ難民問題と彼らが追い出された土地へもどるという、奪うことのできない権利の実現——の解決なしには、平和などありえないという自分の理解に真摯でありつづけた。

　芸術家にしてはまれにみる政治的な鋭敏さを見せながら、アル・アリーは、「世界の偉大な人々、権力ある人々というのは、ほとんどパレスチナの人々の権利を擁護するのには頼りにならない」ということを充分承知していた。衝撃的なことではあるが、この章の漫画がはっきりと示しているように、彼は中東の政治においてヘンリー・キッシンジャー米国務長官[★3]の演じた二重人格的役割*が重要性を発揮したことも明確に見抜いていた。

*キッシンジャーは1973年、アラブ諸国とイスラエルの対立緩和のためにアラブ世界を頻繁に訪問する「シャトル外交」を展開、翌74年にはエジプトとイスラエル間の兵力引き離し協定を成立させ、エジプトとイスラエルを和解に向かわせた。アラブ諸国からはこれはアメリカの裏切り的外交ととらえられた。

　広範囲にわたるアラブ世界に関しても、アル・アリーは予言者のようだった。石油による富を新たに手に入れたアラブ諸国やその同盟国が、パレスチナ人のための平和問題を首

尾よく解決できるとは、アル・アリーは信じていなかった。ある意味で、イスラエルの行動とエジプト政権のイスラエルとの共犯関係がアル・アリーの見解を裏付ける助けになった。

　アメリカの仲裁（エジプトのサダト大統領とイスラエルのベギン首相によるキャンプ・デービッド合意[*4]をさす）でエジプトとの「平和」条約合意を発表した1978年、イスラエルは南レバノン侵攻を開始した。さらに1982年、レバノンの首都ベイルートまで侵攻を進め[*5]、その過程でパレスチナ人とレバノン人におそろしい残虐行為をおこなった。レバノンでは、窮地に陥っているパレスチナ難民を守ってくれると期待されていたエジプトが動かなかった。

　それは、以前ならばアラブの指導的立場だった国家エジプトが、パレスチナやレバノンの人々にかかわることを止めたということだった。いい換えれば、イスラエルは暴力を通して平和をつくりだそうと試み、イスラエル国家の存在には不都合なパレスチナの人々をどうとでもできるということを確かめようとしたのだ。アメリカの支援をゆるぎないものにするのに熱心なあまり、アラブの指導者たちは沈黙を守ることに終始した。政治家としての想像力や勇気に欠ける彼らは、イスラエルの太鼓もちになりさがっていた。

　このことは、主権国家間の国際的合意というレベルでのことならば、わからないでもない。しかし、この地域にいる無数の人々にとってはアラブ指導者たちの沈黙は、敵との「共犯」関係と同義だった。

　彼らは何もしないことで、結果的には、その犯罪の片棒をかつぐことになったのだ。アル・アリーが署名入りで描き続けたのは、この、ゆるがせにはできない広い視野をもった正義感ゆえ、であった。たとえアラブの指導者たちが「アラブの大義」に取り組む能力も意志も欠いていたとしても、ハンダラのような難民が拠りどころとしているのはこの正義感だったのである。

　しかし、パレスチナ人の最も暗い時代を抜けたところに新しい可能性がさまざまに開け

てきた。

　1973年12月に開かれたPLO抜きのジュネーブでの中東和平国際会議[★6]は、以後PLOをパレスチナ人の正当な指導部と認めないわけにはいかなくなったし、またパレスチナ人が故郷における正義を要求するのを黙らせるわけにもいかなくなった。圧倒的に強力な敵に立ち向かって、PLOの戦士たちはなんとかベイルートにおけるイスラエルの猛攻撃を食い止めしし、1982年9月に武装抵抗組織のパレスチナ戦士たちがベイルートから遠方のアラブ諸国へ立ちのかされたときでさえ、大方の期待と予想に反して、パレスチナ民族解放運動は終わらなかった。

　そして、イスラエルにひれふして言いなりになる敗北主義のパレスチナ人になりかわって、ヨルダン川西岸地区やガザ地区のパレスチナ大衆が1987年のインティファーダ[★7]（投石による抵抗運動）を主導し、「パレスチナ人は消えてなくなる」という考えに強烈な一矢を報いることとなった。

中東和平プロセス　81

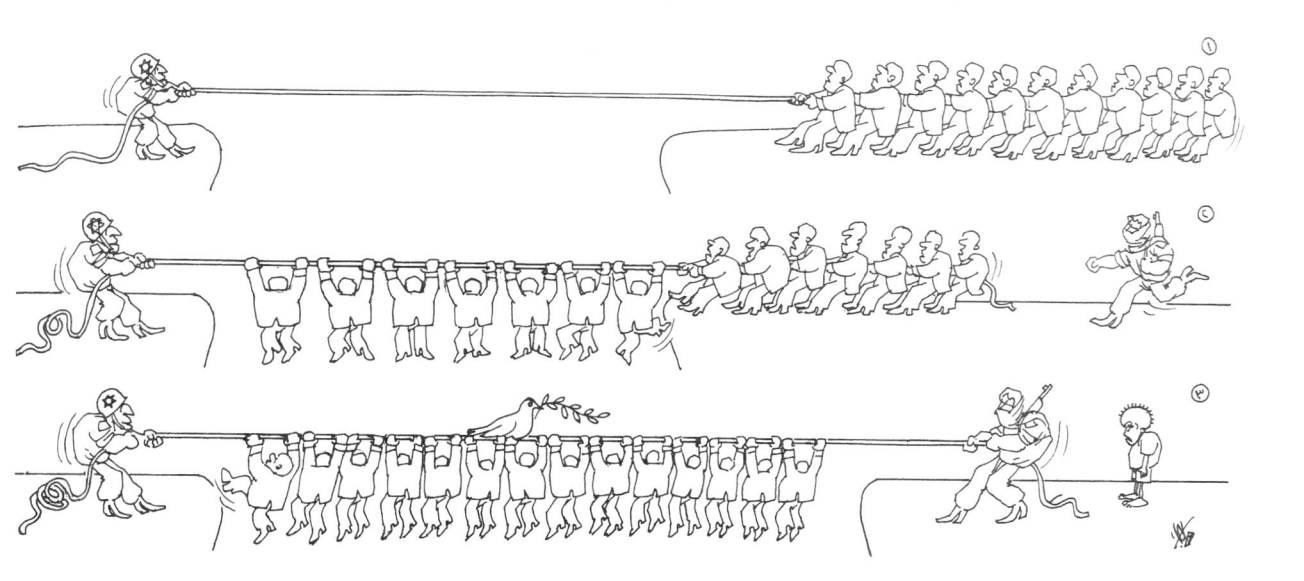

パレスチナ・ゲリラはイスラエルと綱引きをしている多くのアラブ政府首脳の加勢に駆けつけるが、結局彼らは懐柔されていき、気がつけば自分一人で綱を引っ張ることになった。(1970年1月)

一人のアラブ支配者がアメリカ製の「赤絨毯」をくるくる広げている。一方、他のアラブ支配者たちは、イスラエルが到着したのに敬意を表する歓迎委員会に先を争って参加しようとしている。ハンダラとその兄弟たちは、その様子をぞっとしながら見ている。(1970年5月)
＊第3次中東戦争後も戦闘を続けたエジプトとイスラエルに対して、アメリカが停戦するよう求めた「ロジャース提案」をエジプトが受諾の意思を固めたことを示している。

中東和平プロセス　83

1973年の第4次中東戦争後、アラブ世界を頻繁に訪問したキッシンジャーは、中東産油国が打ち出した石油禁輸措置を解除させることに成功して戻ってきた。(1974年10月)

油のドラム缶をころがしながら付いてきてごらん。キッシンジャーは、平和についての偽りの希望でアラブの人々をそそのかす。石油産出国の首長たちは、中東におけるアメリカの影響力行使を大喜びで歓迎している。(1975年2月)

中東和平プロセス　85

魔術師キッシンジャーは呪文を唱えて帽子から黒いフクロウを出してみせる（アラブ世界では、黒いフクロウは悪い予兆を表す）。フクロウのくちばしにはオリーブの枝がくわえられている。
（1975年3月）

平和は降伏の上に建てられる。平和のハトは、打ち捨てられたライフル銃の先にかかったヘルメットで巣作りをしている。(1976年3月)

中東和平プロセス　87

エジプト大統領サダト★10が1978年、キャンプ・デービッドでの交渉の席に着いたとき、イスラエルはパレスチナの人々の権利を牛の乳をしぼるように、秘密裏にしぼりだしていた。（1979年2月）

パレスチナ人の「自治」[11]とは、このビンの中の魚のように、自由のないものである。(1980年1月)

中東和平プロセス 89

何百万人もの普通のアラブ人が沈まないようにもがいているとき、アラブ産油国の支配者たちは、贅沢な暮らしについての空想にふけっている。(1975年2月)

聖地巡礼では、悪魔の象徴である石柱めがけて石投げの儀式をおこなう。ところが、悪魔が先手をうって石を投げ、それがアラブの「太ったネコ」に直接あたったので、巡礼の衣装を身にまとったハンダラは喜んでいる。(1974年12月)

中東和平プロセス　91

埋葬ラッパ：レバノン内戦でのイスラム教徒およびキリスト教徒の殉教者を追悼して、ハンダラはラッパを鳴らしながら涙する。（1976年3月）

南レバノン難民は、イスラエル兵器によって破壊された故郷の土地から逃れる人々の列に加わる。(1974年4月)

中東和平プロセス　93

イスラエルの爆撃機が平和への必死の望みをすべて打ち砕くとき、ハンダラはなおも抵抗の態度を崩さず、無傷のままで踏みとどまっている。(1982年7月)

「ガリラヤのための平和作戦」と称して、レバノンに侵攻したイスラエルは平和を圧殺してしまった。死を象徴するカラスがうち捨てられた土地に群れる。(1983年4月)

中東和平プロセス　95

1982年のイスラエル侵攻によって、廃墟になったレバノン。珍しくハンダラが読者のほうに顔を向けて、いかめしい顔つきで、パレスチナとレバノンの国旗を振っている。その時、彼のまわりからは新しい葉が芽ぶきはじめるのだ。(1982年7月)

PLOの戦士たちが、1982年9月にベイルートから追放されたとき、反対方向に人形をなして泳ぐ魚の群れがあり、その先頭には鍵が掲げられている。鍵はパレスチナの人々が故郷に帰還する権利のシンボルだ。(1983年12月)

中東和平プロセス　97

イスラエルは今のところはレバノンを占領しているかもしれないが、レバノンの人々が、いずれ彼らの主権をとりもどすことをハンダラは知っている。(1982年7月)

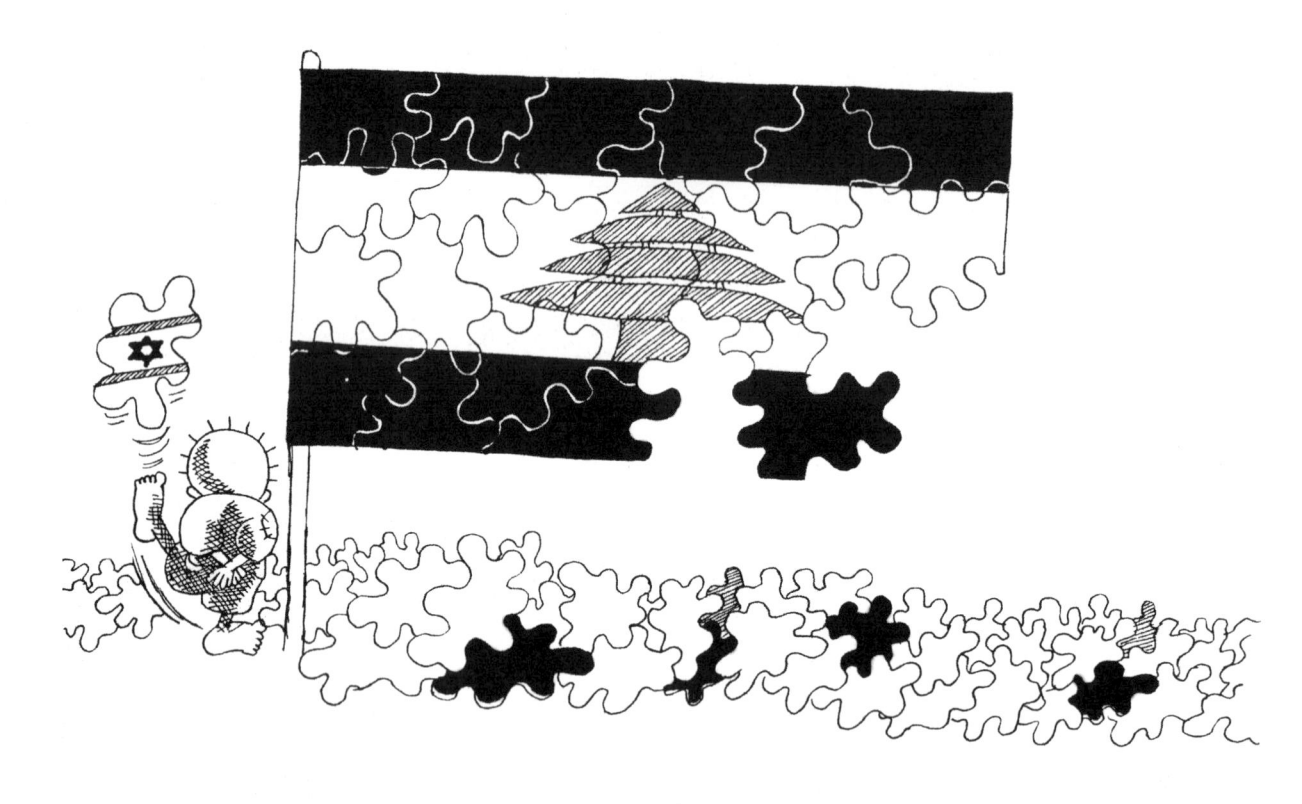

レバノンは、祖国への忠誠とイスラエルとの同盟の間でばらばらになったジグソーパズルのようなものかもしれないが、その中心にイスラエルの占める場所はない。(1983年3月)

中東和平プロセス　99

レバノンのサブラとシャティーラで虐殺[*12]が起きたとき、女性の犠牲者たちはおそろしい侮辱的扱いにさらされた。ハンダラはパレスチナ人戦士の頭を覆うカフィーヤで死体を覆い、その尊厳を取り戻す。(1983年5月)

孤児たちはサブラとシャティーラの犠牲者の墓地でお互いに慰めあう。(1985年6月)

中東和平プロセス 101

上下が逆、あるいは裏返し：アラブの支配者たちは、中東で誰が一番アメリカの利益を代弁しているかについて議論した。だけど、誰にもわからない——彼らは、アメリカの旗を正しく掲げることさえできないのだから。(1984年10月)

他人を楽器やその他の道具のごとくもてあそぶ者のことを、「腹黒い人間」という。イスラエルが、不運で不恰好なアラブの指導者たちを太鼓のように使って演奏する前面に、ハンダラは聴衆となって立っている。(1985年3月)

中東和平プロセス 103

イスラエルはうぬぼれて、リングの上で挑戦者を待っている。しかし、対戦相手のアラブ指導者たちは内輪もめに忙しくてリングには出てこられない。これらの争いは第三者の陰謀だ、というアラブ人の間で広く流布し信じられている説を、この漫画でははっきり述べてはいない。ただ単に、イスラエルはこの争いに乗じているというだけだ。(1980年4月)

パレスチナのお追従役人やアラブ支配者たちは「はい、そのとおりです。アラファト様」と、アラファトに不滅の忠誠を誓っているが、実際はイスラエルに服従している。（日付不詳）

中東和平プロセス 105

ヤーセル・アラファトのトレード・マークである「勝利のVサイン」には降伏※の現実が隠されている。(1984年1月)
＊1982年6月、イスラエルはレバノンに侵攻。徹底抗戦していたPLOも8月21日に停戦に応じ、アラファト率いるPLOはチュニジアへ撤退した。その後パレスチナ難民キャンプでは、イスラエル占領軍が見守る中でレバノン人キリスト教徒民兵によって虐殺事件が起こった（133頁参照）。アラファトは停戦を「国際的理解を得るための勝利の選択だ」と強調したが、パレスチナ人が孤立無援で弾圧されるのを前にして、アラファトは「敵に降伏した」との批判がPLO内部から強まった。

ロムレスとレムスの神話*を借りて、パレスチナの破壊を黙認しているエジプト政府を批判している。アメリカの狼はエジプトのピラミッドを股下に置いて支配しており、双子の片割れであるイスラエル人の赤ん坊がピラミッドの形をした乳房から乳を呑んでいる間に、もう一人の赤ん坊であるパレスチナ人のほうはむさぼり食われている。(1985年1月)
*ローマ神話では双子のロムレスとレムスが狼の乳で育ち、土地争いの結果ロムレスがレムスを殺害した後、ローマの7人の王の一人になったとある。

中東和平プロセス　107

彼らに充分なロープを与えよ。アラブの支配者たちにとって、国連諸決議と何度もの中東和平協議は安全のための脱出パラシュートのようなものだ。だが、パレスチナ人を「難民」として扱うという安保理決議242条の条項などが体制の安定をもたらすどころか、結局は自分たちの首を吊るロープになってしまう。(1985年11月)

第5章　抵抗運動

　個人的な理由からだけでなく、民衆の自覚的な意識を奮い立たせたり、民族的な自由を得るための手段として仕事をしている他の芸術家と同じように、ナージー・アル・アリーは自分の仕事にとても明快で具体的な目的をもたせていた。シオニストに対するパレスチナ人の抵抗運動は、そもそもの始まりから、芸術的で、美学的な形をとってきた。常に西欧の資金を後ろ盾にして軍事的に優位に立つ敵に打ち負かされる中で、パレスチナ人がビジュアルな文化を必要とする気持ちはナクバ（大災厄）のごく最初の日々から切実なものだった。

　アル・アリーの絵はアラブ世界全体の中で、他のどのパレスチナのビジュアル芸術よりも、急速にパレスチナ解放運動のシンボルとなっていった。パレスチナ難民の現実を扱い、日刊新聞に連載されつづけたことで、アル・アリーの作品は文芸サロンを越えて大衆の意識の中へと入っていったのである。

　ハンダラの必要性は、難民として出生したパレスチナ人第一世代が社会人として世の中に出たときにとくに明白になった。もし、ヨルダン川から地中海までを範囲とする歴史的パレスチナを取り戻す過程が世代を超えた長い闘いになるなら、その時は、炎が絶えることのないように常に油断なく見守るこの頼りになる若者が必要だったのだ。この意味で、アル・アリーの仕事は、1950年代以降、努めて現代の問題に関わろうとして格闘を始めたパレスチナの前世代の芸術家たちの仕事の延長線上にあった。

アル・アリーの生涯は短く、パレスチナ人の怒りの爆発が組織的なインティファーダ（抵抗運動）となるちょうど数か月前に突然断たれてしまった。インティファーダのまさに若々しいエネルギーが噴き出す姿は世界中のテレビ画面に現れた「石を投げて抵抗する子どもたち」を見れば一目瞭然だった。アラブ世界中で、小さな革命家たちのことが知られるようになると、ハンダラの像はこれらの「投石する子どもたち（アトファール・ヒジュラ）」と重ね合わされるようになった。

　1987年12月のパレスチナ被占領地での蜂起(ほうき)は、アル・アリーが毎日連載していた漫画で取り上げてきたヨルダン川西岸地区、ガザ地区、そして1948年に奪われたパレスチナ領土（イスラエル）でのいくつかの小規模な暴動を前ぶれとしていた。

　ハンダラは1980年代にはレバノンの難民キャンプで、歴史の中での自分の役割に気づくようになって、パレスチナ全土およびアラブのあらゆる場所にしばしば姿を現した。重要なのは、これがただの一方通行ではなかったことだ。ハンダラの場合は、外国の新聞社のオフィスからとらえたパレスチナ人の闘いの光景をただ単に映し出しているということではなかった。

　ヨルダン、湾岸、さらにその地域を越えて広がるパレスチナ難民たちのネットワークのおかげで、ハンダラはパレスチナ被占領地にいるパレスチナ人たちの間でもすでになじみの人物となっていた。そこでは、パレスチナ人が落書きや伝統的民族ダンス（ダブカ）の教室を文化的レジスタンスの手段とする中で、蜂起もまたパレスチナ独自の美学を発展させていた。

　この新しく起きたパレスチナ人の暴動を推し進めた原動力は、ハンダラ自身がいたレバノンの難民キャンプと変わらない難民キャンプだった。いずこのパレスチナ人のコミュニティにおいても、レジスタンスの戦いは二つの敵との戦いになる。一つはイスラエルの組織的な侵略に対する戦いであり、もう一つは不正を働き腐敗した二枚舌のアラブ指導者に対する戦いだ。そのアラブの指導者は投石をする子どもたちの行動には大喜びして、この

恩恵に浴さんと欲するのだが。

　アル・アリーのこれまでの一連の漫画が本当の意味で集大成されたのは、この章においてである。ここでの闘いは、ひげをはやした男たちばかりでなく、涙を武器にするような強い意志をもった解放された女性たちもが担っている。私たちはイスラエルのあからさまな侵略を見るだけでなく、アラブ人が彼ら自身の指導者を変える必要があることも目にするのだ。この文章を私は2009年1月のイスラエルのパレスチナ人に対する攻撃[★1]——とくにガザの人々に向かっておこなわれた攻撃——のすぐ後で書いているのだが、その際にも、アラブ公式筋の自己満足的な対応が見られた。

　強調したいのは、「われわれは決して降参しないぞ」というハンダラの声——それは歴史的パレスチナ領および他のアラブ諸国にある難民キャンプで何年も響き渡ってきた——は、これらの漫画が最初に描かれたときと同じように、今日も必要とされているということである。

抵抗運動　111

故郷に関わることは、そのために血を流すことを意味する。パレスチナの自由戦士が彼の故郷の土を断固として掘るとき、鉄条網がその手に食いこむ。（1980年4月）

瀕死の自由戦士は、ひび割れた故郷の土にその指を食いこませる。彼の血がその土地をうるおす。(1980年11月)

抵抗運動　113

悲しみにくれる女性の涙はレジスタンスの爆弾に変わる。(日付不詳)

パレスチナの国旗をふりながらハンダラは、アラブの降伏の白旗がいっぱい入ったイスラエルの石油ドラム缶に蹴りを入れる。(1982年5月)

抵抗運動　115

降伏という危険な潮流が、パレスチナの自由戦士が愛する故郷の海岸にしがみつくのを無慈悲に連れ去っていく。(1983年10月)

誇り高く、着実に歩を進めることで、パレスチナの男たちは、「自由、帰還、正義」のゴールに確かに到達することだろう。(1986年7月)

抵抗運動　117

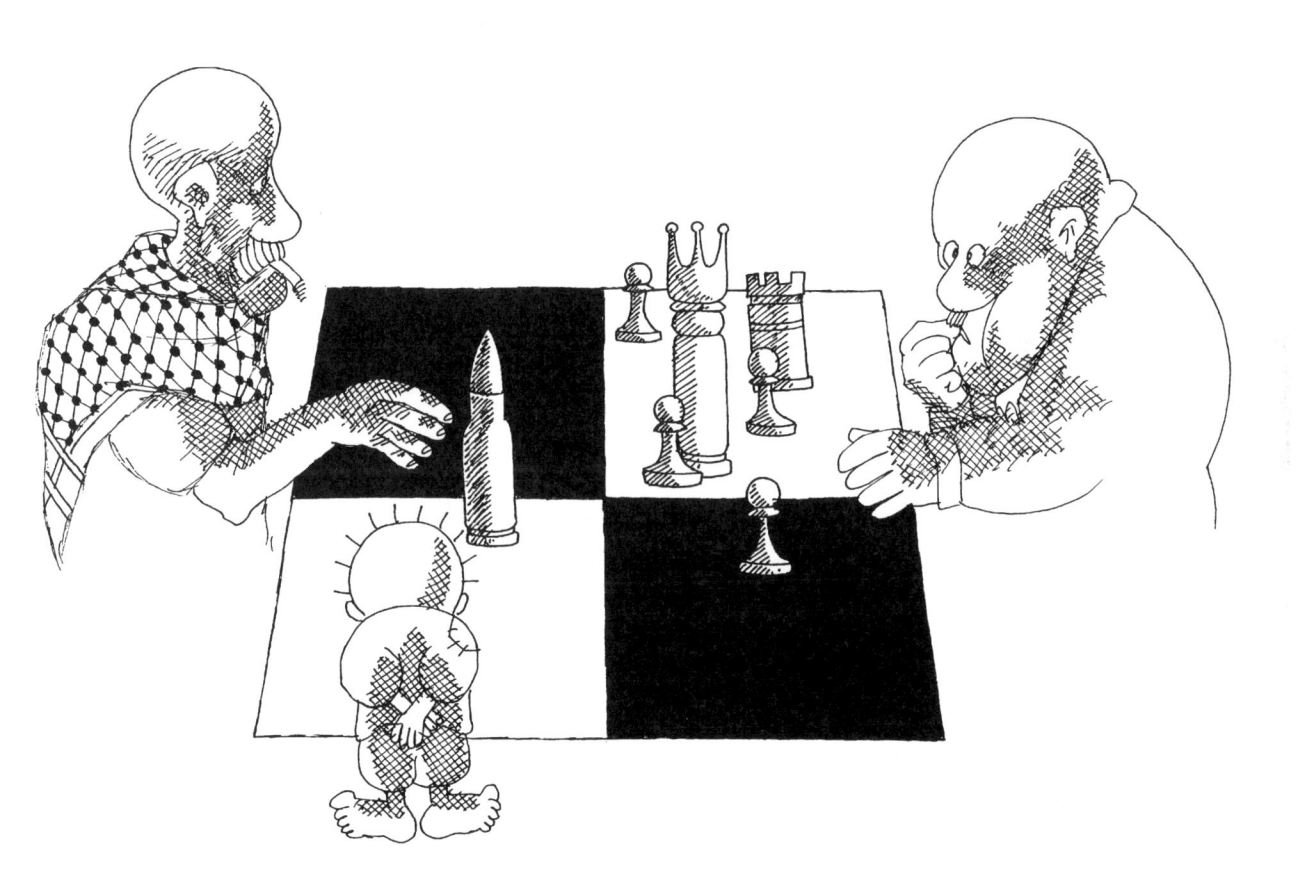

チェックメイト（王手）：貧しいパレスチナ人がアラブ政治家とチェスの対戦をしている。アラブ政治家は、パレスチナ人の抵抗の主張を前に反駁(はんばく)できず、お手上げの状態だ。(1985年1月)

アラブの支配者エリートは、アメリカへの忠誠を表明する。だが、アラブの巷の声はパレスチナへの心配と愛着を表明している。(1984年10月)

抵抗運動　119

ご都合主義のアラブのエリートたちは、パレスチナの武装レジスタンスが得点をあげるや、すばやくそれにつけこむ。そしてまた機を見てすばやくレジスタンスを見捨て、彼が死滅するのを待つ。（1983年7月）

聖書のサロメの物語＊のようにしろとの合図にうなずいて、アラブのベリーダンサーは皿の上にカフィーヤで覆われた自由戦士の無残な首を載せ、頭の上でバランスをとりながら喜色満面のイスラエル兵にそれを渡す。(1983年9月)

＊ヘロデ・アンティパスが弟の妻ヘロディアと強引に結婚したことを洗礼者ヨハネが糾弾したため、ヨハネは投獄された。ヘロデの誕生日の祝宴でヘロディアの娘サロメが上手に踊ったほうびとしてヨハネの首を所望したため、ヘロデはヨハネの首をはねさせ、盆に載せてサロメに渡した。

抵抗運動　121

パレスチナゲリラは抵抗のしるしに、チェック柄のカフィーヤをかぶる。アラブのエリートは西側諸国との商談に出かけるのに、同じ模様を流行と称して身にまとう。(1984年4月)

背中からブスリ：イスラエルとの平和を築くためにアラブ産油国の支配者たちは、パレスチナの自由戦士を裏切る。（1981年8月）

抵抗運動 123

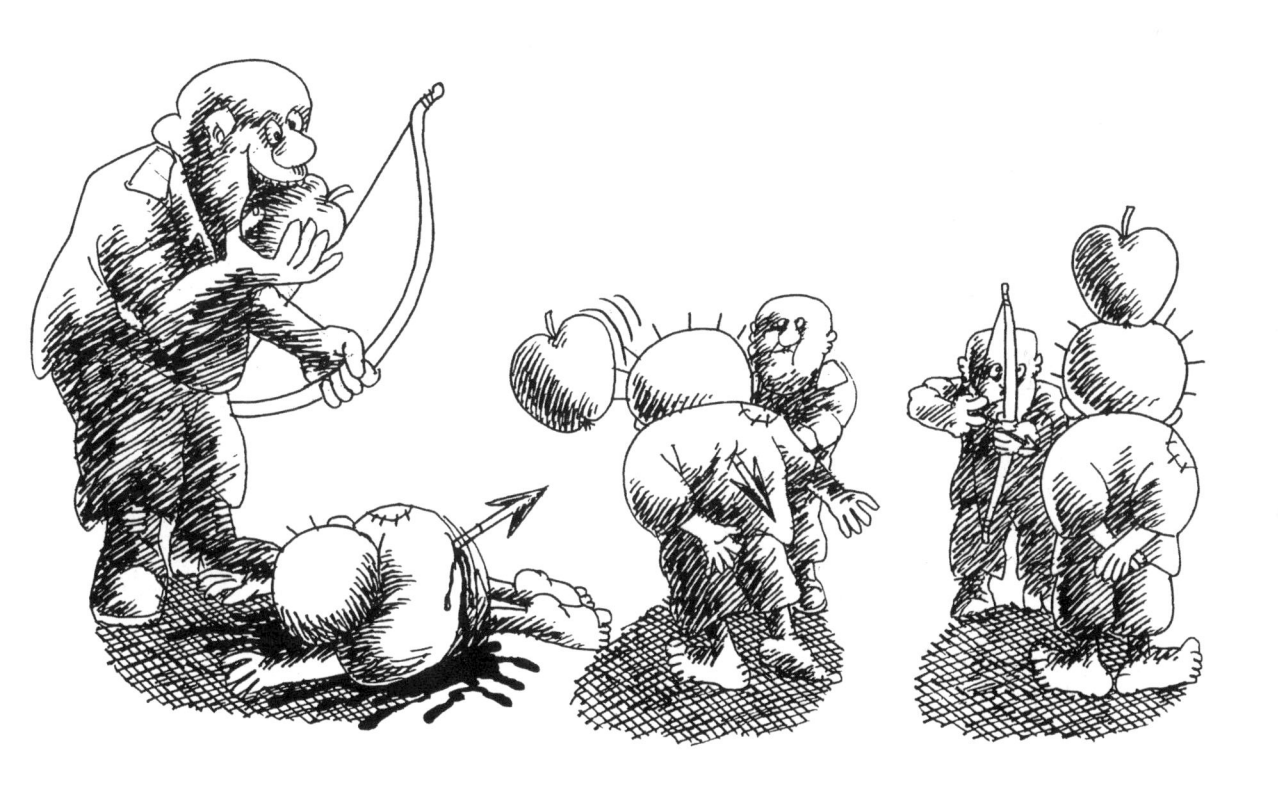

ウィリアム・テルなら首尾よくいったのだが:あるアラブの支配者がパレスチナの人々を体現しているハンダラに次のようにいう——君は僕の弓矢の腕前を信用して大丈夫だよ。その支配者はわざとしくじってハンダラの心臓を射抜き、ほうびの林檎をむしゃむしゃ食べながら彼が死ぬのをながめる。この漫画はアル・アリーが暗殺される3か月前に描かれたものだ。(1987年4月)

ヨルダン川西岸とガザのインティファーダ：終わりのない苦しみのシンボルであるキリストは、イスラエルの占領者にむかって敵意の蹴りを入れる。（1986年12月）

抵抗運動　125

長い苦難の日々を送っているパレスチナの母たちは、有刺鉄線が春の花々に変わることを願いながら、インティファーダの子どもたちを応援する。アル・アリーはインティファーダが起こる数年前に、それを予見していたのだ。(1982年3月)

パレスチナの子どもたちは、イスラエルの地ならしローラー(パレスチナの土地収用や没収、不法な入植地建設の象徴)に石を投げる。アラブの支配者はローラーの陰に隠れてそれを前進させようと押している。(1987年2月)

抵抗運動　127

パレスチナの婦人や女の子は土地に深く根づいており、イスラエルの兵士や醜いアラブのエリートたちに石を投げつけて彼らを追い払う。(1984年3月)

イエス・キリストは十字架上で、インティファーダを応援して石を投げる。(1982年4月)

抵抗運動　129

荒廃した景色の中、パレスチナの旗を掲げる不屈の手が、岩だらけの地面からにゅっと突き出ている。これは、新しい春の訪れを意味している。(1982年3月)

本書をさらに理解するための注

[序文]
★1　パレスチナ・シリーズ
　ジョー・サッコが1991年から1992年にかけてイスラエル占領地であるヨルダン川西岸地区やガザ地区で2か月間を過ごし、第1次インティファーダ（抵抗運動）中の拷問をうけたパレスチナ人から観光気分のイスラエル人まで、様々なインタビューをコミックにまとめたもの。思想家サイードは序文で「ほとんど恐ろしいような正確さと、同時にやさしさとをもって描きあげられている」と評した。日本語訳（小野耕世訳）は、いそっぷ社より2007年に出版されている。
　ジョー・サッコは1960年、マルタ島生まれのアメリカ人。オレゴン大学でジャーナリズムを学ぶ。ボスニア紛争を描いた「安全地帯ゴラズデ」で2001年のウィル・アイズナー賞を受賞。

★2　第1次中東戦争
　1948年4月9日、エルサレム郊外のデイル・ヤシン村でユダヤ人地下組織によって百数十名の村人が殺され、生きのびた女性たちは裸でエルサレムまで行進させられたといわれている。このニュースでパレスチナ中がパニックとなり、人々は住んでいた土地から避難し、周辺アラブ諸国に難民となって流れこんだ。そうした状況の中で5月15日のイスラエル建国を迎え、ユダヤ人国家誕生を認めないエジプト、シリアなどアラブ諸国軍はイスラエルに攻めこみ、第1次中東戦争が始まった。戦争はイスラエル側の圧勝に終わり、49年2～7月にアラブ諸国とイスラエルは休戦した。
　イスラエルは、1947年の国連パレスチナ分割決議が決めたパレスチナの56.4％を上回る77.4％をそのままイスラエル領土として既成事実化した。また各地でパレスチナ人の虐殺やレイプ、強制追放などの「民族浄化作戦」をおこなった。これがパレスチナ問題の根源である。

★3　レバノンの難民キャンプ
　イスラエル建国時にパレスチナを脱出した人々のうち、レバノンには約10万人が流入してその

まま難民となってとどまった。キリスト教徒のマロン派が実権を握るレバノンはパレスチナ難民を冷遇し、「無国籍難民」の外国人として国連難民キャンプに押しこめて厳しく監視する政策をとった。基本的人権や市民権も認めず、公教育や医療施設の利用もさせず、レバノン国内での就労には許可証を義務づけ、しかも職種を狭く限定した。国内移動にも許可証を求め、国外出入国時の「難民渡航証明書」の発行も厳しく制限した。このためパレスチナ難民は、国連の最低限の援助にすがった厳しい生活を強いられたのである。

1970年、ヨルダン政府の弾圧を逃れたパレスチナ難民がレバノンに多く流入したことで、レバノン政府の締めつけは強まる動きだったが、その頃からパレスチナ解放機構（PLO）が難民の代表としてレバノン政府と対峙し、レバノン国民のPLO支援も強まる中で難民締めつけは後退していった。しかし1982年、イスラエルのレバノン侵攻でPLOが撤退すると、レバノン政府のパレスチナ難民締めつけは再び強化された。

今日のレバノンの難民キャンプは市民からは隔離され、スラム街化している。難民登録すらできない人たちもいて、国連のサービスもうけられない。満足な上下水道や電気設備もない劣悪な環境におかれている。この子どもたちの里親運動に興味のある方は下記にアクセスしてみて下さい。

jccp@msc.biglobe.ne.jp

★4　新たな独立国クウェート

1920年、イギリスはオスマン帝国時代のバスラ州の一部を英保護国として分割し、クウェート首長国をつくり、アッ＝サバーハ王家が誕生した。アッ＝サバーハはクウェートの石油利権をアメリカのメロン財閥とイギリスのアングロ・ペルシャ石油が設立した合弁会社「クウェート石油」に付与した。クウェート石油は1938年に世界第2位の巨大油田を掘り当て、1946年より採掘開始。1958年、アラブ民族解放運動の嵐がイラク王国崩壊を招く中、欧米はクウェートへの波及を恐れた。クウェートは保護国制を廃止し、1961年にイギリスより独立した。

★5　石油ブームの時代

1932年にバハレーン島で石油が発見され、これがアラビア半島初の試掘であった。1938年にはサウジアラビアで発見され、第2次世界大戦後は国際石油資本による開発の舞台は中東へと移った。1940年代後半にはクウェートのブルガン油田、サウジアラビアのガワール油田などが開発さ

れ、1950年代に入り、アラブ首長国連邦を含むペルシア湾岸地域とリビア、アルジェリア、ナイジェリアなどアフリカでも開発され、産油量は飛躍的に増大した。

★6　レバノン内戦（1975年〜76年）

歴史的にレバノンは中東では数少ないキリスト教徒が多い国家で、しかもさまざまな宗派が入り組んでおり、第1次世界大戦後、事実上の宗主国となったフランスは、そうした宗派間の争いを利用し、中でもマロン派キリスト教徒を支配層に取りこみバックアップしたため、キリスト各宗派間の不平等感が存在した。

度重なる中東戦争、さらに1970年のヨルダンによるPLO追放以降、35万人ものパレスチナ難民がレバノン国内にある約15のパレスチナ・キャンプに流入したため、イスラム教徒のほうが人数が多くなり、政治バランスが崩れはじめた。マロン派はこれを懸念し、ナチスをまねた「ファランジスト」民兵組織をつくり、武力闘争によって難民を追放しようとした。

流血の事態をおそれたレバノン政府はPLOに対し自治政府なみの特権を与えてイスラエルへの攻撃も黙認し、レバノン南部には「ファタハ・ランド」と呼ばれるPLOの支配地域ができた。イスラエルは空軍および特殊部隊を用いて南レバノンやベイルートを攻撃したが、空軍力で劣るレバノン軍はイスラエルに報復することはできず、この姿勢がイスラム教徒の怒りを買った。

各勢力が米ソから武器を調達しはじめ、1975年キリスト教ファランジスト党とPLO支持者がベイルート市内で衝突、不毛な内戦が始まった。1976年タルザータル難民キャンプがマロン派の軍隊に包囲されたのを機にPLOが全面的に介入し、ファランジストの敗北は決定的となった。このときレバノンに急進的政権が誕生することを恐れたシリアが介入し、PLOと戦っている間にタルザータル難民キャンプが陥落、多くの難民が惨殺されるなど、泥沼化していった。

★7　イスラエルによるレバノン侵攻

1982年6月6日、PLO軍事力のレバノンからの排除を目的として、イスラエルはレバノン南部に侵攻した。イスラエル軍は一気に首都ベイルート西部地区に突入し、PLO軍・レバノン左派が徹底抗戦した。ベイルートにはパレスチナ人のほかに40万人のレバノン人がいた。イスラエル軍は停戦違反を繰り返しながら、ベイルートの包囲を完成させ、6月27日、700台の戦車と210機の榴弾砲がベイルートを瓦礫に変えた。国際赤十字の緊急物資も、世界各国からの援助物資も搬入を阻まれた。世界中がイスラエルを非難したが、PLOの撤退を求める声も大きくなっていった。

8月21日、PLOはアメリカ仲介の停戦に応じた。アメリカ、イタリア、フランスから成る国際治安部隊がパレスチナ難民キャンプの安全を守ることを条件に、アラファト率いるPLO指導部および主力部隊はチュニジアへ追放された。

折しも親イスラエルのファランジスト派バシール・ジュマイルがレバノン新大統領に就任したが直後に暗殺され、これをファランジスト派はPLO残党の犯行（実際はレバノン人に暗殺された）とみなして、パレスチナ難民キャンプでの虐殺に乗りだした。

★8　レバノンのサブラとシャティーラでの虐殺

PLOが撤退し、レバノン左派民兵組織が武装解除され、パレスチナ難民は丸裸でイスラエル占領軍と向き合うことになった。アメリカ、イタリア、フランスから成る国際治安部隊はベイルートを去ってしまっていた。1982年9月16日から18日にかけての3日間、サブラとシャティーラの二つのパレスチナ難民キャンプはイスラエル軍に包囲される中、ファランジスト民兵組織による虐殺が起こった。白旗を掲げていた長老さえ射殺され、女や子ども、老人を含む1800人以上が惨殺された。2002年になって虐殺事件を指揮したレバノンのホベイカが裁判で証言する直前、車に仕掛けられた爆弾で暗殺された。当時のシャロン国防相（後の首相）の指令によって虐殺がおこなわれたことを隠蔽するための口封じではないかといわれている。

［第1章］
★1　シオニズム運動

旧約聖書中の「イスラエル人の約束の地」の文言を拠りどころに、パレスチナの地にユダヤ教徒を入植させてユダヤ人国家を建設しようとする民族運動。19世紀の東欧に始まったこの運動の創始者は、テオドール・ヘルツェルで、「シオニズム」はエルサレムのシオンの山に語源をもつ。当初これらを主張する人々（シオニスト）にとって、イスラエル建国は単なる夢にすぎなかった。この地の人口は1914年に80万人程度で、そのうちユダヤ人は多く見積もっても12％に達しなかったからである。

第1回シオニスト会議はスイスのバーゼルでおこなわれ、目的は「公法で保証されたユダヤ人のホームランドをパレスチナに築くこと」と決定した。1905年にイギリスに移りシオニスト評議会の議長に選出されたワイズマン（生化学の分野でのアセトンや合成ゴムの研究でイギリス軍に

貢献し政府内に知己を得た学者）は1917年バルフォア宣言（第1次世界大戦中にイギリスの外務大臣アーサー・ジェイムズ・バルフォアがイギリスのユダヤ人コミュニティのリーダーであるロスチャイルドに対して送った書簡で表明された、イギリス政府のシオニズム支持表明）を採択、1918年シオニスト委員会代表としてイギリス政府からパレスチナに派遣された。1942年アメリカでのシオニスト大会では「ビルトモア綱領」（全パレスチナをユダヤ国家として独立させることを宣言し、移民と土地取得の自由を求めた内容）が宣言された。ただし、1948年以前にシオニストが不在地主や外国企業から買い取った土地はパレスチナのたった6％であった。

★2　イギリスの委任統治の終了

「分割して統治する」をモットーとするイギリスは、ユダヤ人がヨーロッパから移民していくことで、独立を求めるアラブとの間で摩擦を引き起こし、アラブの力を弱めることは植民地経営にとっては有利であると考えていた。1922年9月にイギリスによる委任統治が始まり、パレスチナ民衆の反英・反シオニズム運動は、より激化した。バルフォア宣言が出た1917年には5万6000人だったユダヤ人人口は1929年には15万6000人と3倍近く増加した。1929年にユダヤ人移民がシオニストの旗をエルサレムの「嘆きの壁」に飾ったのを機に、パレスチナ人とユダヤ人の大規模な衝突が起こった。

1936年にはパレスチナ人による反英ゼネストが6か月続き、イギリスは農村部で統治能力を失った。その結果イギリスは、ユダヤ国家がパレスチナ全土の5分の1を占めるパレスチナ分割案を提示したが、アラブ最高委員会はこれを拒否した。ユダヤ人のテロ組織によるイギリス攻撃も激化し、第2次世界大戦後のイギリスは結局問題解決を国連に委ねた。

当時の国連は加盟国も少なく、主として戦勝国の政策を国際的に追認する機関であった。国連は1947年11月29日に「イギリスの委任統治を1948年8月1日までに終結し、イギリス軍はそれまでに段階的にパレスチナから撤退すること」「パレスチナをアラブ国家・ユダヤ国家・エルサレム特別国際管理地区に3分割することとし、1948年10月1日までにこれを実現すること」を主たる内容とするパレスチナ分割決議をだした。

★3　ナクバ（大災厄）

誕生した「ユダヤ国家」は国連の分割案を無視、全土の77％を不法に占領した。領土内には多数のアラブ人が住んでいたため、初代大統領のベングリオンは「ユダヤ人の人口が6割では、強

力かつ安定的なユダヤ人国家はつくれない」とし、パレスチナ人を暴力的に排除、虐殺する事態が発生した。パレスチナ人はこれをナクバ（NAKBA、大災厄）と呼ぶ。80万人以上が居住地を追われ、ガザ地区やヨルダン川西岸地区をはじめ周辺アラブ諸国で難民となった。現在その子孫が約450万人となっており、世界の難民の4人に1人はパレスチナ人といわれる。

広河隆一氏が1967年から40年にわたり取材した膨大な記録をまとめた長編ドキュメンタリー映画の題名でもあるが、この作品は、1948年のイスラエル建国に際し何が起こったのか、という根源的問題に迫る作品である。

★4　第3次中東戦争

1967年6月5日午前7時、イスラエルはエジプトを奇襲攻撃し、一挙に数百のエジプト機を破壊し、制空権を握った。この第3次中東戦争でイスラエルはヨルダン川西岸地区、ガザ地区、シナイ半島、ゴラン高原を占領（シナイ半島は82年エジプトに返還）、イギリスによって境界とされたパレスチナ全土を手に入れた。そして同月、東エルサレムの「嘆きの壁」前にあった135軒の家がブルドーザーで破壊され、住民は追放された。

★5　入植地

現在もこの問題は続いている。ヨルダン川西岸地区には約130か所のユダヤ人入植地が存在し、約45万人のユダヤ人が住む。これはイスラエルに住むユダヤ系イスラエル人の8％である。入植地はジュネーブ条約や国連安保理決議446号などで違法とされている。また一部入植者によるパレスチナ人に対する暴行なども問題となっている。入植地は、人口増加や新しくつくられることによって広がっており、彼らを警護するという名目で多くのイスラエルの警察や軍が派遣されている。そうした土地はパレスチナ人が利用できず、不満と不安を生み出し、和平の大きな障害となっている。また入植地が占領の既成事実化に使われ、将来的なパレスチナ独立の際に入植地はイスラエル側に接収される恐れがある。

★6　イエスはパレスチナ人さ

イエス・キリストはベツレヘムで生まれ、ガリラヤからエルサレム周辺で活動した。聖書の中にも「乳と蜜の流れる土地」として登場するパレスチナは、古代文明の発祥地に近く、古くから人々が往来し、宗教や文化の揺籃の地であった。

パレスチナという名は、カナンの地に移住してきたペリシテ人に由来する。カナンと呼ばれていたこの地は、やがてローマ人によって「パレスチナ」と呼ばれるようになっていった。パレスチナ人とは、このパレスチナという土地に住んできたことに帰属性を見出す人のこと。アラビア語を共通言語とし、宗教的にはイスラム教徒、キリスト教徒、ユダヤ教徒が平和に共存していた。これらの宗教は同じ神を拝むが、ユダヤ教は旧約聖書、キリスト教は旧約と新約聖書、イスラム教はさらにマホメットをとおして神より啓示されたコーランをもつ。

　この地の中央に位置するエルサレムが、姉妹関係にある三大宗教の聖地であることも紛争を長引かせている原因である。ただしテルアビブ大学のバッドシェバ女史によると、「ユダヤ人に特有の遺伝子はない。ユダヤ人に一番近い遺伝子配列の傾向をもっているのはパレスチナ人」だそうだ（もっともどんな民族も99％の遺伝子は同じだという）。

［第2章］
★1　もう一つの差別
　パレスチナ人が差別されている実態を地域別に記してみる。
●ヨルダン川西岸地区、ガザ地区：現在もなおイスラエルの軍事支配下にあり、また入植地分離壁の存在によってパレスチナ人は移動すら大きく制限されている。軍事占領の結果、産業の発展は制限され、ライフラインも経済活動もイスラエルに依存せざるを得ない。
●ヨルダン：登録難民の42％がヨルダンに居住。ヨルダンの市民権が与えられ、ヨルダン・パスポートの取得が可能。選挙権を持ち、公職につくことや政府機関で働くことについても問題なし。さらに高等教育など公的サービスもすべて受けることができる。
●シリア：ほぼシリア市民と同様の地位。ただし、選挙権、公職につくこと、シリア・パスポートの取得は不可。海外へはシリア政府発行の一時的渡航許可証を取得すれば行くことができる。
●レバノン：レバノン政府から就労許可証をもらわなければ働けない。公的機関のほかにも70以上の職種につくことができない。もっとも苛酷な制約を受けている。

★2　アラブ諸国の人権状況
　たとえば、こんな不合理がまかりとおっている。
●小学生以上の男女が同席をすることは認めない。また、女性は親や夫以外の男性と同席しては

ならない。
●男子が女性の顔を正面から見ることができるのは、婚約が成立してからである。
●手首、顔以外の肌を露出するような服を着てはならない。

★3　死刑宣告
　パレスチナ人「テロリスト」も、これまで法的に死刑になった人は一人もいない。しかし、それは裏返せば、「法に基づかない死刑」、つまり暗殺をやりたい放題におこなっているということでもある。

★4　イスラム法
　イスラム法において刑罰は、殺人に関するキサース（報復）と、コーランに規定のある刑罰のハッドがある。ハッドの科刑は加減が許されず、対象となる重大犯罪は次の2番目以下の5つである。
●殺人の罪／原則として死刑。この場合被害者側から復讐が許される。死刑は公開、休日に広場で首を切る。ただし、被害者の相続人が報復権を放棄すると、〈血の代償〉という賠償金支払いをもって和解することも認められている。
●強盗の罪／死刑、またははりつけの刑。または、右手と左足のように反対側の手足の切断（公開処刑）。
●窃盗の罪／手足の交互の切断（初犯は右手、再犯は左足、3犯は左手、4犯は右足）。
●姦淫の罪／姦通した男女は、証人の前で鞭打ち100回の刑。
●姦淫をしたという偽りの告発をした罪／偽りの告発者は、80回の鞭打ちとし、それ以後証人としての資格剥奪。
●飲酒の罪／鞭打ちの刑。

★5　女性の権利
　古居みずえ監督の「ガーダ」はガザで生きる自立した女性をめざす「新しいパレスチナ女性」ガーダの結婚、母になって民族の歴史を書きとめ伝える役を引き受けていくまでの節目節目にみせる本音を丁寧に追った記録だ。ガーダの周囲の女性――農園の女主人やガーダの母、祖母、姑――も含めてパレスチナの女性の今の姿が伝わってくるので、是非ご覧下さい。

★6　エチオピアの飢餓救援

1984年、アフリカのエチオピアは大飢饉に瀕していた。その飢餓救済に、世界中の国々が立ち上がった。アメリカの歌手たちも、ボブ・ゲルドフとともに、エチオピア飢餓救済プロジェクトを始動。「We Are The World」を歌ったことでも有名になった。一方、「飢餓救済」の名目で、エチオピアの黒人ユダヤ教徒が集団でイスラエルに運ばれていった。

[第3章]
★1　クウェート

長い間、クウェートはイスラエルと対決姿勢をたもってきた。とくに1967年の第3次中東戦争後は、積極的にいわゆるアラブ最前線国に対して、戦いの継続のために多額の費用を支出した。さらに73年以降は、石油価格の値上げによる収入増でその支出も一段と増えた。75年には、クウェート石油会社の完全な国営化をおこない、80年代のイラン・イラク戦争では、イラクを支援した。このころクウェート人はアラブでも最高の生活を享受していたが、国内で多数を占めるアラブ出稼ぎ労働者との社会的経済的格差は広がるばかりで、彼らへの排外意識を強めていった。

★2　多国籍企業

第2次世界大戦以降、1960年代末にいたるまでの国際石油市場は、石油メジャーと呼ばれる欧米石油企業によってコントロールされる時代が続いた。これらの石油メジャーは、石油の探鉱・開発から製品販売にいたるまで、世界的な規模で垂直統合をおこなっており、文字通り世界の石油市場を支配する存在だった。特に米国のエクソン、モービル、ソーカル（後にシェブロン）、テキサコ、ガルフ、英国のブリティッシュ・ペトロリアム（BP）、イギリス・オランダ系のロイヤル・ダッチ・シェルの7社は「セブン・シスターズ」と呼ばれ、国際石油市場において比類のない影響力を持っていた。

★3　帝国主義的策謀

第1次世界大戦中の1916年、イギリス代表のサイクスとフランス代表のピコは、オスマン帝国領土の英・仏・露3国での分割を決めた秘密協定（サイクス・ピコ協定）を作成し、アラブ領土についての英仏勢力範囲も定められた。

★4　アラブ・ナショナリスト

　第2次世界大戦後の1952年、ナセル中佐ら「自由将校団」が王制を倒したエジプト革命が起こる。大統領になったナセルを中心に、アラブ各国のナショナリストたちが結束して、欧米支配とイスラエルによる侵略の危機からのアラブ民族解放をめざす新しいアラブ民族運動が始まった。

　アラブ世界の不自然な分裂状態を解消して、政治的にも経済的にも強力な統一国家をつくろうとするこの動きは、1950年代後半から60年代にかけて盛んになる。1958年にはエジプトとシリア両国の統合によるアラブ連合共和国が成立（1961年終了）、同年のイラク王制打倒革命につながっていく。ヨルダンでは王制に批判的なアラブ・ナショナリストが政権を獲得したが、国王の弾圧政策を受けた。危機感を強めた米英はアラブ諸地域にその波が広がらないよう、軍事介入を進めた。

★5　イラン・イラク戦争

　1979年、親米産油国イランの王制がイラン・シーア派革命によって崩壊した。革命の波が他の湾岸産油国に及ぶことが危惧される中、1980年、イラクがイランを侵略し、イラン・イラク戦争は始まった。1982年以降はイランがイラク領土へと侵攻した。イラクの体制の崩壊がイラン革命の拡大につながると懸念した周辺諸国やアメリカは、イラクを支援。戦争は膠着状態となり、1988年に国連安保理の停戦決議を両国が受諾して、終結した。

★6　アラブの石油の富

　1973年と1980年の2回の原油高騰で、サウジ王家は世界の不動産や債権を買い占めるほどの富豪となった。石油収入で福祉を充実させ、国は富んだ。1980年には、一人当たりのGDPは1.5万ドルとなった。しかし、1986年から原油価格は暴落し、財政は大幅赤字となり、福祉はカットされた。人口は1983年の1000万人から倍増。一人当たりGDPは7000ドルに低下した。

★7　アンクル・サム

　アメリカ政府を擬人化した呼び名。United Statesとイニシャルが同じなので、こう呼ばれる。米英戦争当時、アメリカ陸軍に納入している精肉業者にサムエル・ウェイルソンという人物がおり、「アンクル・サム」と呼ばれて兵士から親しまれていた。ウィルソンは納入する肉の樽にU.S.（United States）の焼印を押していたが、兵士たちは「アンクル・サム」の略だと冗談をい

っていた。そこからアメリカ合衆国を「アンクル・サム」と呼ぶようになった。典型的な姿は第1次世界大戦当時の陸軍募兵ポスターにある星条旗柄のシルクハットに紺のジャケット、紅白縞のズボン、ひげを生やした初老の白人というイメージである。

★8　ロナルド・レーガン（1911〜2004）
　アメリカの第40代大統領。最年長の69歳で1981年に選出された。対中東政策では、イラン革命封じこめのためのイラン・イラク戦争（1980年〜88年）の演出や、1982年のイスラエルによるレバノン侵攻の支援などが挙げられる。当時のアメリカの中東政策は「レーガン・プラン」と呼ばれた。

［第4章］
★1　PLO
　1964年5月の第1回アラブ首脳会議で成立した「アラブ連盟」により設立され、イスラエル建国で難民となったパレスチナ人の対イスラエル闘争の統合組織として、反イスラエルの中心勢力となった。1967年の第3次中東戦争がアラブ諸国側の敗北に終わると、ゲリラ組織や労働運動組織などを主体とするパレスチナ人の民衆運動として再編された。その後、ヨルダンで反イスラエル闘争をおこなってイスラエルの越境攻撃を撃退するなどの大きな戦果をあげ、パレスチナ人の間に名声を高めていたファタハが加入した。
　1969年ファタハの指導者ヤーセル・アラファトがPLO第3代議長に就任し、ファタハを中心に機構を再整備、実質上のパレスチナ亡命政府となる。結成当初は反ユダヤ主義のスローガンを掲げたが、ファタハは反ユダヤ主義の立場を退け、「パレスチナ解放とは他民族、他宗教共存の国家の樹立である」と打ち出す。ファタハは度々イスラエルに対するテロ事件を起こしたことから、1970年にヨルダンを追われ、活動の拠点をレバノンのベイルートに移した。
　1974年には国連総会オブザーバー資格を手に入れてアラファト議長が国連本部で演説をおこない、パレスチナを公的機関として国際的な認知を得ることに成功した。しかし、1982年のレバノン戦争でレバノンにイスラエルが侵攻してきたため、レバノンを追われて本部をチュニジアのチュニスに移した。
　1987年末から巻き起こった第1次インティファーダ（抵抗運動）では、海外からイスラエル占

領地内の蜂起指導者たちと連絡をとりあって支援する一方、1988年には「シオニスト国家打倒によるパレスチナ解放」から「イスラエルと共存するヨルダン川西岸地区およびガザ地区でのパレスチナ国家建設」への方向転換をおこない、議決機関のパレスチナ国民評議会で独立宣言を採択した。1994年、先行自治開始とともにアラファトPLO議長はガザに入り、1996年、パレスチナ暫定自治区の初代代表となった。

★2　パレスチナ人政治家と民衆の権利

1947年の国連パレスチナ分割案は、パレスチナの56％をユダヤ人に与えると約束し、第1次中東戦争の結果、イスラエルはパレスチナの77％を手に入れた。残りの23％でもいいからそこにパレスチナ国家を樹立すべきだというのが「ミニ国家」案で、ファタハはこの案に傾いた。しかしPFLP（パレスチナ解放人民戦線）は「拒否戦線」を組織して反対した。

一方、DFLP（パレスチナ解放民主戦線）は、まずヨルダン川西岸地区とガザ地区を解放し、そのあと全パレスチナの解放にとりかかればよいという二段階革命論をとった。この問題は1974年6月のPNC（パレスチナ民族評議会）で一応の決着がつき、「少しの土地でもシオニストの手から解放したら、その後、民族的権威を樹立していく」という内容の宣言が採択された。しかしPLO主流派ファタハの「ミニ国家」案では、難民たちが故郷に帰る権利が切り捨てられてしまうことになる。

★3　ヘンリー・キッシンジャー（1923〜）

アメリカのニクソン政権およびフォード政権で国家安全保障問題担当大統領補佐官、国務長官を務めた。両親ともにドイツ系のユダヤ人である。「キッシンジャー外交」の成果としては、米ソ間のデタント（緊張緩和）を推進したほかに、泥沼状態にあったベトナム戦争を終結に導いたことが挙げられる。その功績により、1973年のノーベル平和賞を受賞している。

★4　キャンプ・デービッド合意

1978年9月、アメリカのカーター大統領は、エジプトのサダト大統領とイスラエルのベギン首相をメリーランド州のキャンプ・デービットに招き、エジプトとイスラエルが単独和平を結ぶことで合意。これを受けて1979年3月には「エジプト・イスラエル平和条約」が締結された。

PLO抜きでおこなわれたこの合意に対し、パレスチナの人々は「反キャンプ・デービッド合

意」で結束する結果となり、合意のもう一つの柱であるパレスチナ自治交渉の問題に関してはアメリカの調停は失敗に終わった。

イスラエルは第3次中東戦争でイスラエルが占領したシナイ半島をエジプトへ返還し、これにより実質的にイスラエルからエジプトという南の脅威が除かれ、次に北のレバノンのPLOとシリアに全面戦争を仕掛ける準備をおこなっていく。

★5　イスラエルのベイルート侵攻

序文の注7（132頁）を参照のこと。

★6　ジュネーブでの中東和平国際会議

1973年の第4次中東戦争後の中東の外交的な行きづまりを解決し、包括的な和平を達成するために、国連の内外で和平交渉の過程を回復しようとする努力がなされた。

1973年10月の戦争が勃発した直後、安全保障理事会は安保理決議338号を満場一致で採択し、即時休戦とすべての軍事行動の停止を要請した。この決議は、停戦後直ちに、当事者が「その条項のすべてにおいて」安保理決議242号（1967年）の履行を開始するように、すなわち適切な支援の下で中東の公正で永続する和平を達成するための交渉をするように求めた。

1973年12月、中東和平国際会議がジュネーブで開催された。会議は国連が後援し、ソ連とアメリカが共同して議長を務めた。エジプト、イスラエルとヨルダンはこの会議に代表を送ったが、シリアは参加を拒否した。この会議でソ連は、PLOが他の参加国と対等の立場で出席することを要請した。10月の国連総会は、PLOをパレスチナ人民の代表として承認した。アラファト議長は11月の総会で「エルサレムの息子たちよ、（中略）私は片手にオリーブの枝を、もう片方の手に革命の銃を持っています。私の手からオリーブの枝が落ちないようにしてください」と演説した。

★7　インティファーダ

第1次インティファーダは1987年から始まった。きっかけは、パレスチナ人労働者をのせた車とイスラエルの軍用トラックが正面衝突した交通事故だった。軍用トラックは意図的にぶつかってきたという噂が広まり、死傷した労働者が住んでいたガザ地区のジャバールヤ難民キャンプから反占領闘争が始まった。1971年以来ガザ地区は、アリエル・シャロン将軍率いるイスラエル軍

の組織的弾圧を受けていた。シャロンはブルドーザーで道を広げ、鉄条網で難民キャンプを包囲し、約1800人の難民をダイナマイトで吹き飛ばし、住民の大半を強制移住させていた。

インティファーダはパレスチナの全住民あげての闘いとなった。人々はデモやストライキ、イスラエル製品不買運動など、子どもや女性も巻き込みながら抵抗した。イスラエル軍に対して投石で抵抗するパレスチナの子どもたちのニュース映像は、強烈な印象を世界に与えた。またイスラエル国内でも、占領継続の是非についての議論を起こすきっかけとなった。

第2次インティファーダは2000年。アラファト議長とイスラエルのバラク首相の米国での会談が不調に終わり、独立への期待を持っていたパレスチナ人に失望感が広がるなか、和平に反対していたシャロン（当時リクード党首）が、エルサレムのイスラム教聖地アル・アクサ寺院を強行訪問したのをきっかけにパレスチナ人の怒りが再燃し、第2次インティファーダが始まった。自治政府のコントロールを超えて運動は進展し、イスラエル側は重火器を投入したため、多くの一般市民の犠牲者がでた。武装メンバーのイスラエル国内での自爆攻撃はイスラエル側の姿勢をさらに硬化させ、2001年には強硬派のシャロン政権が誕生した。

2000年から2005年までの衝突による死者は、パレスチナ側3339人、イスラエル側1020人にのぼり、パレスチナ側の犠牲者の内600人、イスラエル側の犠牲者の内117人が子どもであった（それぞれ外国人の犠牲者も含む）。

★8　第4次中東戦争

1973年10月にイスラエルとエジプト、シリアなどの中東アラブ諸国との間でおこなわれた戦争。イスラエル側では、ヨム・キプールの日におこなわれたため、ヨム・キプール戦争ともいう。第3次中東戦争のとき、先手を打って圧勝したイスラエルに対し、今回はアラブ側が先制攻撃を仕掛けた。アラブ側はソ連製の比較的優秀な武器などを使用したこともあって、一時イスラエルはスエズ運河やゴラン高原で苦戦を強いられたものの、その後イスラエルが巻き返して逆にアラブ側が苦戦することとなり、米ソ両国の提案で停戦となった。

★9　石油禁輸措置

1973年第4次中東戦争勃発後、OPEC（石油輸出国機構）と石油会社それぞれの代表者がオーストリアのウィーンに集まり、原油価格についての交渉がおこなわれ、席上OPECの代表は原油価格の30％〜50％の引き上げを石油会社に要求した。石油会社の代表はOPEC側の提示を拒絶

し、OPECは一方的な原油価格の7割引き上げを決定した。これに続いてOAPEC（アラブ石油輸出国機構）は原油生産の5％削減を決定するとともに、第3次中東戦争以前の境界線までイスラエル軍が撤退しない限り、以後毎月5％ずつ削減をおこなうとの方針を発表した。

　サウジアラビアがアメリカに対する全面的な石油の輸出禁止を発表し、その後数日のうちにイラクを除くアラブ産油国のすべてがアメリカとオランダに対する石油禁輸措置を発表した。OAPECの減産規模は25％にまで拡大され、欧米諸国に対するアラブの対決姿勢はより明確なものとなった。OAPECによる禁輸措置は1974年3月の対米禁輸措置解除まで続いた。

★10　サダト（1918～1981）
　エジプト大統領在位は1970年～81年。ナセルの社会主義的経済政策を改めて自由化を進めるとともに、イスラム復興主義の運動を解禁してエジプトの路線を大きく右旋回させた。1973年シリアと共同でイスラエルに対し第4次中東戦争を起こし、イスラエル軍に大打撃を与えて国民的英雄となった。

　しかし、以後はナセルの外交路線を完全に転換してアメリカに接近し、1977年にイスラエルのベギン首相の招きでエルサレムを訪問、エジプト・イスラエル間の和平交渉を開始し、翌年アメリカのカーター大統領の仲介のもとキャンプ・デービッド合意にこぎつけた。この合意は、長年の仇敵（きゅうてき）だったイスラエルとの和解をもたらすだけではなく、1967年の第3次中東戦争でイスラエルに奪われたシナイ半島の領土を平和裏に返還させる伏線ともいうべきもので、エジプトが中東和平のさきがけとして周知されることにもつながった。イラン革命でパーレビ国王を一時エジプトに受け入れたり、反対派を厳しく取り締まったり、国内の経済が低迷したりしたことで、国民の信頼を失い、1981年に暗殺された。

★11　パレスチナ人の「自治」
　1978年のキャンプ・デービッド合意は、アメリカ主導でエジプトとイスラエル間の平和条約を締結することのほかに、パレスチナ自治交渉を含んでいたが、こちらのほうは難航した。パレスチナの人々の間では、当事者抜きで根本的問題が棚上げされたまま、自治交渉が進められることに反発があった。イスラエルのペレスは1980年には「ガザ先行自治案」を提案していたといわれている。

★12　サブラとシャティーラの虐殺
　　序文の注8（133頁）を参照のこと。

［第5章］
★1　2009年1月のイスラエルの攻撃
　　2008年12月27日から始まったイスラエル軍のパレスチナ自治区ガザへの攻撃は、病院や学校などへの空爆および市街地での戦闘で一般市民を巻き込み、3週間でガザ地区の数千の家屋が破壊され、死者は1300人以上（そのうち410人が子ども）、負傷者は約5300人にのぼった。国連は、イスラエルが非人道兵器である「白りん弾」を使用したことを強く非難している。

解説

　アラブ風刺画の巨匠、ナージー・アル・アリーは没後20有余年がたつが、彼が生前アラブの新聞に描き続けた４万枚以上の風刺画の絶大な影響力は、アラブ世界では３冊の作品集となり、何回もの作品展や無数の作品引用機会を通じてその死後も衰えず、ナージーの風刺画と主人公のハンダラ少年に対する信頼と友情の思いは特にパレスチナ人の胸中に深く息づいている。ナージーの一連の風刺画とハンダラ少年が本書において蘇ることになったのは、2009年１月、パレスチナ人がイスラエル軍のガザ大規模侵攻によって何度目かの大規模殺戮の危機にさらされているときだった。ガザの惨状は、1982年イスラエル軍レバノン侵攻時に描いたナージー作品の、パレスチナ難民キャンプ住民が陥った絶望的な殺戮・破壊状況そのままである。本書の刊行を決意した人々は、パレスチナ人の窮状の傍らに怒りと抵抗をあらわにして立ちつくすハンダラ少年を蘇らせることで、ガザのパレスチナ人たちを励まそうと意図したのかもしれない。

　ナージーの風刺画は、貧しい人々の苦難の現実と彼らを苦しめる抑圧者の高圧ぶりを入念に描いていてリアリティに満ちており、そこに人気と影響力の大きさの秘密があるのだろう。リアリティを引き出しうるナージーは常々こう語っていた。

「私はアイン・アル・ヘルウェ難民キャンプで育ったが、難民キャンプの住民は、パレスチナの土地に生きてきた農民である。土地なしには生きられない者たちが難民キャンプ暮らしを始めると、饑餓と没落とさまざまな抑圧にさらされて、私のいる難民キャンプでは一家全滅となった家族がいくつもあった。私が心にとめているパレスチナ人は、そのような人々である」

ナージー自身難民で、サウジアラビアに出稼ぎにも行き、またレバノンではパレスチナ人の就労がむずかしく農作物収穫の日雇い労働の苦労も体験している。ナージーの風刺画が弱い者の細部まで描くのは、難民キャンプ同胞の窮状を見落とすまいとする彼の志がそうさせるのだ。ナージーに備わった画才は、アラブ紙の重要風刺画作家の道を歩ませることになったが、弱い者たちのために表現するという志は一貫していた。彼は自分の言葉を発せず、弱者の窮状とそれを取り巻く抑圧を克明に描きだすのに徹する一方、描きだした光景を批判するため自分の分身たるハンダラ少年を場面の傍らに配して、その光景をじっと見ている姿をとらせることで批判・抵抗を表するという手法をとった。ノー・コメントの風刺面（ただし本書では、編者による説明がついている）は、読者の想像力をかきたて、より一層雄弁に問題の所在を浮き彫りにした。パレスチナ難民たちは、苦悩を背負った我が身がナージーの筆によって活写されるのを目にして慰められ励まされるのだという。

　ナージーは、イスラエル、アラブ、保守、革新の如何を問わず批判の標的に対して精力的に筆をとり、どんな圧力にも屈しなかった。絵筆を武器に民衆を活性化させる彼は権力にとって危険人物であり、1987年ロンドンで暗殺された。

　最後に、本書は、一般読者がパレスチナ人を取り巻く抑圧の現実を断片的にではなく、ひとつながりの歴史として理解するのに役に立つということをいっておきたい。ナージーの風刺画には歴史的背景があるのだから、それぞれの作成時にはどのような「中東危機」があったのかに注意してほしい。そうすると、一連の風刺画は民衆についての歴史証言として浮かび上がってくるのである。1982年のレバノンと2009年のガザは、故郷へ戻りたいパレスチナ人の願いが叶えられないどころか、彼らに対する大虐殺の企てが今も繰り返し加えられているという異様な歴史の連鎖を浮き彫りにする。ナージーは次のように語っている。「政治的風刺画のはたす役割は、人びとに新しい想像力を与えることである」。

藤田進（東京外国語大学名誉教授）

訳者あとがき

　2000年にJVC（日本国際ボランティアセンター）が学校の先生たちを中心に募集した「『パレスチナの箱』をつくるためのツアー」に参加したのが、そもそもパレスチナやナージー・アル・アリーを身近に知るきっかけであった。

　2000年8月の2週間、私たち10名はアイザリアというエルサレムから車で10分ほどの街にあるパレスチナ人のアパートで自炊生活をしながら毎日のように難民の家にうかがったり、市場に行ったり、学校を訪ねたり、子どもたちと遊んだりして、「パレスチナの箱」という名の教材の中身を求めて動き回り、夜には「パレスチナの箱」に何を入れ、どのように教材にするかを話し合った。ベドウィン（アラビア半島の遊牧民）のテントまで押しかけていって話を聞いたり、時にはイスラエル側の人たちの話も聞いてみようとキブツ（イスラエルの集産主義的共同体）を訪問したりもした。

　食料は近くの個人商店やエルサレムのダマスカス門から入った旧市街市場で主に買っていたが、ときには乗り合いタクシーの待合所で果物や野菜を売る露店のおばさんからも買った。大家さんの奥様はときに庭のブドウをはさみで切って差し入れてくれたり、私たちのために伝統的パレスチナ料理をつくってくれたりした。ブドウの葉でつつんだ肉を野菜と段々にして蒸すような手の込んだ料理だった。大家さん一家もヨルダンに逃れていった経験があるとうかがった。

　JVCの主催していた子ども図書館や児童館、栄養指導をしている日本のNGO団体の方々にもお会いした。ベツレヘム近くでおこなわれた「広島被爆記念日の集い」では当時JVCの現地スタッフだった佐藤真紀さんの指導で、子どもたちがジョン・レノンの「イマ

ジン」を歌い、「広島のピカ」を朗読するのを聞かせてもらった。心に残る夕べだった。

その近くに住む難民一家を訪ねたとき、壁に貼られていたいくつかの額が目にはいった。一つはパレスチナの地図を刺繡したもの。そのとなりにやはり刺繡をした後ろ向きの少年——後になって、これがハンダラ少年だとわかったのだった。さらにお母さんの両親の時代の難民キャンプの写真——すでに色あせた写真で、荒涼たる景色のなかに無数のテントが続いている。この古めかしい写真こそ、彼らの原点なのだろう。いつか故郷に帰る日を夢みつつ、両親の追われた土地に戻ろうとする気持ちこそが彼らの原点なのだ。

一家の長男は絵かきになろうと美術大学に通っていたが、大学に通う途中の検問所でイスラエル兵に嫌がらせを受けてトイレに半日閉じ込められたのが原因で精神的に不安定になり、部屋に閉じこもっているようだった。

英語の堪能な長女は、ダンスの一団のメンバーとして海外公演にも行った経験があるそうで、本当はジャーナリストになりたいけれど、事情がゆるさず今はアラビア文学を専攻しているといっていた。刺繡をほどこした美しい赤と黒が基調の、パレスチナの正装をした胸にはペンダントをしている。よく見ると、ハンダラのペンダントだ。「これは何というキャラクター？」と聞いたものの、その時の私の耳には「ナジラニ」としか聞こえなかった。街の土産物屋で「ナジラニのペンダントありますか」と捜したが、あるわけがない。私はずっとこの少年は「ナジラニ」と思い込んでいた。

それがナージー・アル・アリーの描いたハンダラ少年だとわかったのは、日本に帰ってきて、インターネットで検索してからのことだった。

帰国すると、2000年のミレニアム記念でイスラエルの聖地めぐりに行った方と私が行った旅との違いに驚いた。同じイスラエルに行きながら、ユダヤ人側から見るのと、パレスチナ人側から見るのではずいぶん印象が違う。エルサレムの町の「嘆きの壁」からユダヤ人側に入れば、そこはまるでヨーロッパだ。噴水はあるし、水は豊か。素敵なカフェもあれば端正な街路樹も美しい。

ところがパレスチナ人側に入れば状況は一変する。岩、石、瓦礫、砂、なんだかパサパサ、ゴロゴロしている。とくにどこにでも水が流れている国に住んでいる日本人の目から見るとそう見える。水利権がイスラエル側に取られているということなのだと思う。

2000年にパレスチナを訪れたときは風は平和のほうに向かって吹いていると思っていた。自治政府の形をどうするかが話題の中心だった。しかし私たちが日本に戻ってまもなく、イスラエルのシャロンがアル・アクサ神殿を訪ねてパレスチナの人々を挑発したために衝突が起こり、事態は一変した。それが第2次インティファーダに発展し、たちまち事態は暗雲の中に包まれた。

自分にできることを模索しながらもJVCや「パレスチナ子どものキャンペーン」、広河隆一さんの撮りためたフィルムを映画「ナクバ」にする市民運動にかかわるぐらいしかできなかった。インターネットで寄せられる現地情報からは2000年に会った子どもたちの家がボコボコに穴を開けられていたり、家族の誰かが怪我をしたり亡くなっている事態も想像できた。私たちが2週間暮らしていたアイザリアの町も、イスラエルのつくった分離壁が建って様変わりしているということを人づてに聞いた。

そのうち「パレスチナ人＝テロリスト」というイメージが日本人の中にはなぜか定着しているのではないかということに気がついた。私の知っているパレスチナの人たちはむしろハンダラ少年に代表される人々なのに……。ハンダラのことをもっと日本の人たちに知ってもらいたいと思うようになった。

2008年の12月から2009年の1月にかけて、ガザを中心にイスラエルの無差別爆撃が起こった。もうだまっていられない。なにかしなくては。イスラエルがガザに侵攻した「レインボー作戦」の際の閉塞状況を描いた映画「レインボー」（アブドサラーム・シャハダ監督）の上映会をすることにした。約40分の映画とJVCの藤屋リカさんの講演を4月におこなう前に、1月から数回学習会をした。高校3年のときにメディア・リテラシーを一緒に勉強した卒業生も多いときには十数名、少ないときでも2、3人は来てくれた。当日は60

名弱の人たちが参加。当日資料の中に「ハンダラのために私たちができることは」という資料をはさみこんだ。

　圧倒的な宣伝力と圧倒的な武器で武装しているイスラエルと、何もかもが不足するように長い時間かけて誘い込まれているパレスチナの人々の勝負は、それが普通の勝負ならもう勝ち負けは見えている。でも、そもそも歴史的にはパレスチナ問題は極々単純なイスラエルによる土地の収奪なのだから、その原点にもどらなくては正しくない。テロリスト、自爆、宗教対立などというコトバが一人歩きして問題をわかりにくくしている。それも宣伝力に長けたイスラエル側の戦略にちがいない。だからこそハンダラのことを日本の人たちに知ってほしいと心から思う。

　パレスチナの人たちから今も尊敬され愛されているナージー・アル・アリーの造形した「ハンダラ少年」が静かに後ろ姿で立つ風刺漫画に触れることで、パレスチナの人たちが見ている現実が迫ってくると私は思う。パレスチナの人たちの本当の姿はテロリストではなくて、貧しく無防備な、しかし誇りを失わず状況をじっと見すえる存在なのだということを知ってほしい。

　訳しながら、パレスチナの人たちの終わりの見えない苦境を改めて思った。同時にナージーは自分では武器を取らずにペンで闘ったものの、暴力を否定はしていなかったことを再認識した。私自身は暴力を肯定はしないが、でもナージーの態度を裁く資格は私にはないと思う。

　次の展開は私にもよくわからない。私自身は「ハンダラくん、君をひとりにはしないからね」と念じている。後ろ姿のハンダラ少年に自分はどう寄り添えばいいのかを読者の方たちに考えていただければ、訳者の望外のよろこびである。

2010年1月

露木美奈子

著者●ナージー・アル・アリー

　ナージー・アル・アリー（1937〜1987）は、パレスチナのアル・ジャリール（現在のガリラヤ）のアル・シャジャラ村に生まれた。ナクバ（大災厄）が起こった1948年、アル・アリーは大多数のパレスチナの人々とともに難民となり、南レバノンのアイン・アル・ヘルウェ難民キャンプで成長した。1961年にパレスチナ人の作家であり政治活動家でもあったガッサン・カナファーニがアル・アリーの独創的な芸術を紹介し、雑誌「アル・フリーヤ」に3作品が掲載された。2年後、アル・アリーはクウェートに移住し、そこでその後11年間にわたって様々な新聞のために絵を描いた。1969年、彼の最も讃えられるべき創造物であり歴史の証人となる子ども、ハンダラが初めて世に現れた。

　ツギハギだらけのボロを身にまとったこの難民の子どもの視線を通して、アル・アリーはイスラエルの占領の残忍さやその地域の体制の不正行為、汚職を攻撃し、パレスチナの人々の苦しみと抵抗を力説した。全くの一匹狼で、どの政党にも属さず、一般のアラブの人々に向けて彼らのために語ることに努めた。研ぎ澄まされた皮肉によって辛辣で象徴的な彼の漫画は広く知られるようになり、多くの権力者を敵にまわすと同時に、パレスチナだけでなくアラブ世界全体の広範な読者の尊敬を勝ち得た。

　1974年にナージーはレバノンに戻り、そこで内戦と1982年のイスラエル侵攻を目撃した。クウェートに戻ると、ナージーは日刊新聞「アル・カバス」で仕事を始めた。権力者によって常に脅されたり後をつけまわされたため、ナージーはクウェートから逃れてロンドンに居を構え、そこで「アル・カバス」の国際版のために描き続けた。1987年7月22日、彼はチェルシーにある新聞社のオフィスの外で銃撃され、5週間後に亡くなった。国際新聞発行者協会（FIEJ）は彼に「自由のためのゴールデン・ペン賞」を死後に授与している。

　ナージー・アル・アリーの漫画は今も変わらず現代の問題に関わりつづけているし、人気を保ちつづけている。　この『パレスチナに生まれて（原題 *A Child in Palestine*）』は、誰にも真似のできない才能、正直さ、人間性ゆえに、絶大な支持を集めているアラブ世界で最も偉大な漫画家の作品をはじめて本の形にしたものである。

序文●ジョー・サッコ
1960年、マルタ島生まれのアメリカ人。第1次インティファーダ（抵抗運動）中の91〜92年に、拷問を受けたパレスチナ人から観光気分のイスラエル人まで様々なインタビューを漫画にした著書『パレスチナ』（小野耕世訳、いそっぷ社）でアメリカ図書賞を受賞。ボスニア紛争を描いた『安全地帯ゴラズデ』で2001年のウィル・アイズナー賞を受賞するなど、〈コミックス・ジャーナリズム〉という分野のパイオニアとなっている。

訳●露木美奈子
東京生まれ。上智大学文学部英文科卒業。私立女子校の英語科教師として勤務。2000年に日本国際ボランティアセンター（JVC）が学校の先生を中心に募集した「『パレスチナの箱』をつくるためのツアー」に参加したのがきっかけで、パレスチナに関心をもつ。その一環で、本書の翻訳を手がけることになった。

監修●藤田進
1944年、ハルピン生まれ。専攻＝アラブ近現代史。69年、東京外国語大学アラビア語学科卒業。東京外国語大学名誉教授。著書に『蘇るパレスチナ』（東京大学出版会）など。

[参考文献]
『パレスチナ』広河隆一（岩波新書）
『パレスチナから報告します』アミラ・ハス著、くぼたのぞみ訳（筑摩書房）
『ホロコーストからガザへ』サラ・ロイ著、岡真理ほか訳（青土社）

パレスチナに生まれて
2010年6月20日　第1刷発行

著　者	ナージー・アル・アリー	発行者	首藤知哉
序　文	ジョー・サッコ	発行所	株式会社 いそっぷ社
訳　者	露木美奈子		〒146-0085
監　修	藤田進		東京都大田区久が原5-5-9
装　幀	岩瀬聡		電話03(3754)8119
本文地図	ムネプロ	印刷・製本	シナノ印刷株式会社

落丁・乱丁本はおとりかえいたします。本書の無断複写・複製・転載を禁じます。
ISBN978-4-900963-48-1　C0095　　定価はカバーに表示してあります。

思想家サイードが絶賛した、ルポルタージュ・コミックの金字塔!!

——「これはまさしく、このうえなく独創的な、政治的かつ美的な作品である」

パレスチナ

ジョー・サッコ／小野耕世 訳

B5版変型
並製304頁
本体1800円

ジョー・サッコは1991〜92年にかけてイスラエルの占領地であるヨルダン川西岸地区やガザ地区で2か月間を過ごした。紛争の最前線で彼は、拷問を受けたパレスチナ人から観光気分のイスラエル人まで、様々なインタビューをこころみる。「ほとんど恐ろしいような正確さと、同時にやさしさをもって描きあげられた」（サイードの序文より）パレスチナの現実がここにある。